起始年级班级管理

黄兵权　余双华　主编

中国文联出版社

图书在版编目（CIP）数据

起始年级班级管理 / 黄兵权，余双华主编. — 北京:
中国文联出版社，2021.12
ISBN 978-7-5190-4654-5

Ⅰ. ①起… Ⅱ. ①黄… ②余… Ⅲ. ①班主任工作
Ⅳ. ①G451.6

中国版本图书馆CIP数据核字（2021）第243322号

编　　者　黄兵权　余双华
责任编辑　刘　旭
责任校对　张　红
装帧设计　刘贝贝　李　娜

出版发行　中国文联出版社有限公司
社　　址　北京市朝阳区农展馆南里10号　　邮编　100125
电　　话　010-85923025（发行部）　010-85923091（总编室）
经　　销　全国新华书店等
印　　刷　北京米乐印刷有限公司
开　　本　710毫米×1000毫米　1/16
印　　张　13.25
字　　数　239千字
版　　次　2021年12月第1版第1次印刷
定　　价　45.00元

编 委 会

序言 走班主任专业化发展道路

按照相关统计，中国现有中小学班主任约400万，这是一个庞大的群体，他们自称最大的主任，却承担着可能最为繁重的工作。因为他们是教育阵地的一线作战员和指挥员。

“班主任”是中国向苏联学习非常重要的一个教育管理制度，1988年国家发布《国家教育委员会中学班主任工作的暂行规定》里面规定了班主任基本工作职责，2004年国家出台了关于班主任专业化的文件。

2018年颁发的《教育部关于进一步加强中小学班主任工作的意见》里面进一步做了班主任的基本职责规定：

“做好中小学生的教育引导工作，做好班级管理工作，组织好班级集体活动，关注每一位学生的全面发展，做好学校的基层组织与协调工作。”

国家层面对教育的要求是：经过15年的努力，在2035年，总体完成教育现代化，迈入教育强国行列。

有这么多的制度支持，有那么高的要求，那么现在的班主任的职业状态是怎么样呢？

无人做。很多的学校班主任的岗位需要用行政命令来强迫去做。

苦累活。那些被迫做了班主任的日常只能用苦累来形容，日常的教学工作已经是满堂转，同时班级管理的时候各种繁杂的日常情况更是让人应接不暇。

途径少。班主任更为致命的一个瓶颈就是班主任的职业途径几乎没有，除了硬性规定的职称评定之外，看不出来班主任的职业前途在哪里。所以，更多的班主任全凭自己的情怀在做事，一旦情怀消散，班主任的岗位也就成了一个食之无味的鸡肋。

比如我们提及的班主任管理层次就有：三流班主任靠情感，二流班主任靠制度，一流班主任靠文化（钟杰）。

所以，当“班主任专业”化这个概念出现的时候，大众欢呼，好像看到了班主任的春天。

但是，仔细思考一下，其实“班主任专业化”是一个伪命题。

首先，我们来看一下“专业化”的概念：产业部门或学业领域中根据产品生产或学界层面的不同过程而分成各业务部分，这个过程就是专业化。

按照现代广泛运用的利伯曼“专业化”标准的定义解释，所谓“专业”，就应当满足以下基本条件：

一是范围明确，垄断性地从事社会不可缺少的工作；

二是运用高度的理智性技术；

三是需要长期的专业教育；

四是从事者个人、集体均具有广泛自律性；

五是专业的自律性范围内，直接负有做出判断、采取行为的责任；

六是非营利性，以服务为动机；

七是拥有应用方式具体化了的伦理纲领。

通俗来说，专业化应该是专门性岗位的一种强化发展。按照这个定义来说，专业化必须要做到专门岗位和专业的专业技能不断提升。

结合前文所述班主任的工作特点，班主任是一个综合管理岗位，因为作为班主任，前提是有一个教学岗位，同时在实际的管理过程中，班主任还需要有心理、管理、沟通等方面的技能。

而在实际的专业化企业中，这些都是属于一个个的专门岗位来完成，而在教育体系中，班主任技能的综合要求很高，从这个角度看是不可能做到专业化的。

因为现代管理制度中对专业化的要求是精细化，做到人人有专攻。甚至可以说，整个企业就是一条自动化的流水线，每一个专业化的岗位就是流水线上一个个运行的程序，班主任的岗位决定了它不是单独的小程序，而是一个总控。缺乏了一个个专业的小程序，光靠总控一定是会出现各种矛盾的。所以，专业化其实是排斥综合岗位的。

其次，专业化的发展程度其实是应该有一个非常明确的量化结果的。它需要有大量的数据支撑，因为只有足够多的数据才能让专业技能不断地在可视的范围内进行改善。

但是我们对班主任的评价标准其实是没有一个比较明确量化的数据，我们评价一个班主任，更多的看他是否能够转化多少学生，多少学生考入名校。这个东西其实又是和班主任设定的职责相左的，因为班主任的工作要求是非量化的，班主任的管理对象是成长中的孩子，他们需要的是成长的所需，既有有形的，也有无形的。

第三，同时，专业化其实是需要在不断地专业化过程中获得的职业成长幸福感，或者就是说职业幸福。但是班主任的工作的专业化发展应该很难有自己的职业幸福感的可视化获得的。

对比一下国外的班主任类岗位，我们发现他们其实已经做到了班主任岗位的专业化，对比美国班级管理，我们能很清楚地发现他们的德育管理实现的途径的过程中，起决定性作用的绝对不是所谓的班主任。

美国也有班主任，中小学学生除了体育课之外，教学活动大多是在班级教室里面完成的，班级之间的横向对比比较少，低年级的学生，班主任是负责多门学科，而专业课程则是有专业教师完成。班级管理也不是班主任的主要内容，在学校里面有专门负责的纪律校长，班级里面对学习障碍的同学有专门的辅导老师，对违纪问题较多的学生有专门的行为管理导师，对特殊学生有专门的特殊老师，等等。可以看到，班主任的职能相对来说做了更多的细分岗位，让班主任变成了一个单一的活动组织者。

对课堂的管理，同样和班主任的关系也不大，每一个新班级，学校会给所有的科任老师关于学生学业和生活方面的细致数据资料，然后，科任老师在自己的课堂上，无论是学生的分组还是座位，都是科任老师自主决定的。

在《第56号教室的奇迹》这本书里，我们也会发现艾斯奎斯最初的工作更多的是专注于自己阅读教学，同时，通过阅读这个学科（他们的阅读是一门专门课程）来达成了班级的文化建设。

欧洲的国家大部分也没有设立班主任的岗位，学生因为走班，不会固定在一个班级里面，班级的管理更多的是由专门的活动负责者完成，实际上，每个年级都有一个专门的活动管理组织。

对于德育，学校会对所有的纪律行为有明确的要求，而且在执行过程中丝毫不会有弹性的可能。同时对于其他的成长、品行要求，都是化解在了活动过程，如教室布置等方面进行。

如果从中国传统文化中寻找教育过程中班主任的职责所在，我们也能发现，传统教师的职责是单一的。

《中庸》如此解释：天命之谓性，率性之谓道，修道之谓教。从这里可以看出，古先贤认为教学只是传达，而所谓的德育只是顺人性而为，德育是老师最为重要的使命。

《道德经》中如此解释“德”：左为双人旁，右边为“直”与“心”，也就意味着德育最重要的是将人的内心所思转化为“行动”。而在《黄帝内经》中这样表述：膻中者，心之宫城也。而所谓膻中，老百姓称之为心头，儒家称之为方寸，道家称之为中丹田。

从这个角度来说，德是让人的外形感知人的身体的各种感觉共振。所以，德育其实是一个非常综合的内心教育。这个过程根本不是简单的心理学和教育学所能涵盖的。所以传统的中学教育，在没有班级的教育过程中，更多的教育家更强调礼仪的规范，而对其他方面不做过多的干涉。

由以上的国外和传统中国文化中的简述中可以总结出，班主任所承担的职责从来就不是一个人所能完成。这也就决定了班主任的专业化是一个不合适的概念，或者说只是一个伪命题。

同时，也有人提出，班主任不做专业化，而应该是专门化，比如有些学校在选择班主任的过程中，强调了学科的限定，比如语文老师相比其他学科而言，和学生的接触时间最长，所以他们是最佳的班主任人选，还有部分学校试图让班主任独立于学科老师之外，不担任学科教学，事实上，不用学科与学生进行关联而只是纯粹的班级管理，其实也是弊端多多。

在现行的班级体制之下，我们无法做到国外的那种专业人员团队负责班级管理，也没有办法像传统的教育那样以德的外在要求来育人。

那么，我们的班主任管理职责如何既做到不对一个人过度的要求，同时也不是放任自流？

我觉得应该让班主任管理实行模块化发展。

所谓模块化的发展，就是在班级管理中，组成一个班级管理的团队，同时将班级的管理要求进行模块化的分割，这样的模块下，让每一个人对模块进行专业化的研究发现，在对模块化的班级管理中，应该更注重量化，而不是以学生的成绩或者转化为重点。

很多学校实行的“导师制”更多的只是多人同饰一角，这些依然无法解决班主任无法专业化的问题。而在模块化班级管理中应该是多人饰演多角，在这样的条件下才有可能讨论班主任的专业化发展。

在我们越来越强调教师的专业化发展的时代背景下，国家提出了改进德育的原则，把握五个字：信、心、活、全、书。其中“全”字就要求全员德育，全员德育不是要求全体教师在学科教学方面专业发展之外还要德育专业化，而是要求在学科教学中做到德育引导。那么专业化的班级管理就需要有一个个有专长的德育专家。

最后一点，如果我们真的做到了班主任管理职责的模块化，也就非常有效地减小了班主任和班级学生之间的种种矛盾。

工作室成立至今，虽无重大观点提出，也一直在致力于班主任的专业化成长，至少努力在实际的班主任管理过程中，能有更多的“非经验”式办法。是为序。

余双华

目录

CONTENTS

第三篇　班级管理思考……………………………………119

第一篇

起始班级管理

浅谈如何组建班级

深圳市龙华区教育科学研究院附属学校　徐玉华

陶行知先生说过“最好的教育是教育学生自己做好自己的先生。”一个优秀的班主任，就一定能引导学生自己养成自我教育、自我管理的好习惯。作为班主任，凡事都亲力亲为，学生就容易缺乏主动性、独立性和自觉性，不善于与人合作，很难适应将来社会的发展。于是，为了培养学生自律和合作的能力，培养七年级学生的自主管理能力，我从以下几个方面来组建班级。

一、了解学情，知己知彼

1. 见面前的准备工作

兵法言“知己知彼，百战百胜。”用在教育管理上，也是行得通的。接手一个新的班级，首先要了解班情。通常我拿到分班名单后，先是花点时间记下每个学生的名字。然后着手组建班级家校沟通的微信群。并制作问卷“学生情况问卷调查”和“学生家庭情况调查”两个调查表（如表1、表2所示），链接到微信群给家长和学生填写，汇总调查情况，形成每个学生的个人档案。同时也要查阅学生的档案，对学生操行、学习情况归类分析。还可以找原班主任了解孩子小学的情况。这是初步了解学生。

学生情况调查表1：

表1

姓名	性别	出生年月	民族	身份证号码	籍贯	户籍	家庭人口数	毕业学校	毕业成绩
									语文： 数学： 英语：
爱好特长	性格	曾获荣誉	曾任何班干	志愿做何班干	对新班级有何期待		请为新班级制定两条以上有效班规		请为班级取名

家庭情况调查表2：

表2

姓名	与学生关系	户籍	学历	政治面貌	工作单位	职业	家庭教育方式	我眼中的孩子（生活、学习等表现）
您孩子是否喜欢阅读课外书籍			是否愿意加入班级家委		联系电话	居住详细地址		备注

备注：1.家庭教育方式指严厉型、民主型、放任型、溺爱型。

2.如果是特殊家庭如离异、丧偶、军属，请在备注栏写清楚。

3.如果您孩子有特殊疾病，需要照顾，特别是不适合体育课的，请在备注栏写清楚。

2. 入学前的家访

条件允许的话，建议在孩子入学前对所有孩子进行一次家访。家访是直接与学生的第一次见面，往往会给学生留下深刻的印象。这次家访可以深入了解学生的喜好、学习情况和在家表现情况等，有利于老师认识学生记住学生。还未开学就如此认真负责的班主任会让学生刮目相看，也有利于学生将来对班级工作的支持与配合。

3. 开学一周内的谈话

通过课堂学习及科任老师的反馈，对学生在校的表现做个总结反馈。以表扬、欣赏的语言跟学生谈心，了解孩子对班级建设的意见和建议及心目中班级的形象。同时要对班主任心目中的班干部人选加以肯定，鼓励他后续参加班干部竞选。第一次私下谈心可以初步建立师生间平等、民主、和谐的关系。给学生留下有亲和力的印象。

从不同渠道、不同方法、多角度、多侧面了解学生，摸清学生的情况，有利于今后的班级管理和教育教学工作的开展。

二、制定班规，依规治班

为了班级管理早日走上正轨，也为了培养学生的自主管理能力，形成自律的品质，在开学两天内要抽时间，定班规，把班规以分数的形式进行量化，实行量化管理。通常是结合学校的常规管理条例及往届学生出现的特殊情况，由班主任先初步定好班规，然后在班级组织学生进行讨论、修改、定稿后再让学生签名实行（见附录一）。由学生自己参与及签名定下的班规，学生会比较认真去执行。这次定班规再次体现了学生是班级的主人，为了班级的荣辱，应该做一个自律、合作的好学生。

班规在大家的支持下确定后，要求学生熟记班级规定，既是为了今后规范自己的言行举止，不违规，也是为了今后做值日班长准备。班主任还要制定“班级日志”（见附录二），全班同学轮流做“值日班长”。把班里的好人好事和违规行为都登记在班级日志里，每天放学公布当天学生表现，再由班主任拍图给家长，让家长也了解孩子每天在校的表现，有利于后续的教育教学管理。学生在老师和家长的监督下，会更自觉地遵守各项规章制度，久而久之，就形成了自律的习惯，不自觉中提升了自我管理和学生管理班级的能力。

三、组建班委，精诚合作

班级在值日班长的监督下进入正轨，似乎没有班干部，班级也可以正常运转了。其实不然，值日班长是轮流做的，班级还是缺少领头羊。班干部是班主任的助手，是连接班主任与学生的桥梁，班干部在班级中的作用还是非常大的。建议在对学生全面了解及学生互相了解的一个月后开始组建班委。采用竞争上岗的方式，让学生自己提出申请，再上台演讲，投票选举，没有人选的岗位再由班主任结合自己的了解推荐人选。既激发学生工作的热情，又体现班主任的民主。

班干部选定后，班主任要对班干部进行培训，教学生如何做班干部，如何处理同学间关系、班干部间的关系、老师与学生之间的关系。然后要定期召开班干部会议，开始时可以由班主任主讲，后面要交给班长主持，班主任参与倾听即可。慢慢地，等班干部自己能合作处理各种班级小问题时，班主任就要尽量放手让班干部和值日班长去管理班级，自己督促提醒就好。只有让学生真正地当家做主，才能培养精诚合作的班干部和自律的学生。

四、创建学习小组，互助互爱

本着“不抛弃、不放弃”的理念，同时激发学生学习的热情，鼓励学生规范言行，班主任可以在第一次月考后，以考试分数为依据，按照“组间同质，组内异质”的原则，创建学习小组。各学习小组间实力相当，都是很好的竞争对手。同时要把学习小组的量化管理分数，纳入一周的考核中，每周班会进行一次总结，以组为单位进行奖惩，如奖励总分前三名，在班级荣誉墙“最佳搭档”栏悬挂本组学生的集体照及奖励小零食，也可以免周末作业一次，罚得分最低的一组下周扫地一周。

在这样的奖惩机制下，学习小组为了得到更多奖励分，会互帮互助，共同学习共同进步，也会指出别人的不足，帮助同学改正缺点。组与组之间也可以形成你追我赶的竞争局面。这种正常的良性竞争有利于形成班级积极向上的竞争氛围，有利于良好班风学风的形成。

五、开展活动，团结进取

开展班级活动是形成良好班风及班级凝聚力的有效途径。班主任要利用好班会课开展活动，在小活动中寄寓大道理，如以学习小组为单位比赛谁用吸管吸的小黄豆多，比赛结束班主任可以让学生总结这个活动的目的和意义。这种小游戏小活动可以培养学生的团结合作能力。利用学校开展文艺表演、校运会、社会实践活动等丰富多彩的活动，有助于形成健康的思想感情、正确的道德观念、分辨是非的能力和民主、合作、竞争意识；有助于陶冶情操，磨炼意志；有助于在自我管理中形成认真负责、诚实、勤奋、坚毅等良好的品质和行为习惯。

通过创设亲切、平等、宽松的课堂或户外活动氛围，及时、有效地批评和纠正学生中的错误想法或行为偏差，逐步构建刻苦学习、努力锻炼、互相关心、求实向上的班集体，从而形成强大的班级凝聚力，培养团结进取的拼搏精神。

总之，对于七年级的班级组建，需要班主任细心观察，精心策划，耐心沟通，用心培养。以班规来规范行为，以小组学习营造氛围，以开展活动来提升素养，终能培养出独立自主、积极向上、自律合作的高素质人才。

参考文献

[1] 马竞波. 浅议以生为本的班级管理制度建设 [J]. 教育管理，2013（11）：162.

附录一：

七（5）班班级公约

（德育考核量化管理细则）

为了更好落实学校的班级文明公约，实现班级自主管理，做拥有仁义礼智信的五好学生，争做年级最好的班级，我们共同约定遵守以下规章制度。此公约以德育量化评分的方式呈现，最终将作为期末评优评先和中考综合素质等级评价的重要依据。

一、升旗礼

要求：

7点55分铃声响后穿戴好礼服皮鞋迅速到走廊排好队伍，向操场集合，整个过程要求保持队形队列整齐、安静。国歌奏响必须大声跟唱。

扣分项目：

1. 不穿礼服、礼鞋，扣2分

2. 全班必须迅速、整齐排队，安静入场，如被学校登记扣分，则全班同学每人扣2分

3. 迟到每人扣2分

4. 全班应声音响亮地唱国歌，如被学校登记扣分，则全班同学每人扣2分

5. 升旗礼全程应保持安静，讲话的每人次扣1分；没站好、搞小动作的每人次扣1分

二、仪容仪表

要求：

每天应该穿校服和白鞋（周一穿礼服皮鞋），衣着整洁，男生寸发、女生

刘海不能挡住眉毛，不披头散发，不染发烫发，不戴各种首饰，不浓妆艳抹。

扣分项目：

1. 穿其他鞋子、改小裤脚、改短衣服及戴首饰等每人次扣2分
2. 男女生头发不合要求的每人次扣2分，并回家整改

三、作业

要求：

作业必须按质按量独立完成。

加分项目：

1. 作业被老师表扬的每次加2分
2. 作业老师批改为A+或其他优秀的每次加2分
3. 各科平时小测满分的每次加2分

扣分项目：

1. 被老师发现或同学举报抄作业的每次扣5分。
2. 作业未完成的每次扣2分。
3. 作业完成质量差，被老师批评的每次扣2分。

四、早读

要求：

7点前到班，并主动交齐作业。由科代表带领着开始早读。早读要声音响亮、书声朗朗，不做与早读无关的事。

加分项目：

科代表把认真读书，声音响亮的同学名字记在黑板上，每人加2分

扣分项目：

1. 不按科代表要求拿出书来读书的，扣1分
2. 不读出声音的，扣1分
3. 早读迟到的扣2分

五、课堂

要求：

第一次上课铃声响必须马上回班准备课本和相关资料等待老师上课，桌面不得有其他科目的课本资料。上课时教室必须保持安静，听从老师的指挥，安静听讲、动脑思考、认真做笔记。自习课服从值日班长和班干部的管理，保持

安静，用心做作业。

加分项目：

1. 课堂主动回答问题加1分

2. 课堂表现好被老师表扬加2分

扣分项目：

1. 课堂纪律差（讲话、搞小动作、传字条、扔纸团等）被老师批评的扣2分。

2. 课堂不带课本或相关学习资料被老师批评的扣2分

3. 上课迟到扣1分，理由充分，任课老师不计较的可以免扣分

4. 课堂顶撞老师，影响上课秩序，每人扣5分

5. 课堂玩手机或手机响被老师发现的，没收手机至期末由家长领回去，并扣10分

六、大课间活动

要求：

9点10分铃声响，迅速下楼去各自选项运动处报到，按老师要求保质保量完成训练任务。有特殊情况不能参加训练的必须跟老师请假。

加分项目：

每天积极参加训练，表现突出受到老师表扬者加2分

扣分项目：

1. 无故不参加训练的每人扣3分

2. 参加训练迟到者扣1分

3. 训练时不积极不努力表现差被老师批评的每次扣2分

七、午餐午休

要求：

午餐取饭安静有序，听从管理人员的安排；不调换座位，不前后桌围在一起，吃饭时，不讲话；不浪费粮食；用餐完毕，按顺序把饭盒放回饭箱，保持教室整洁。午休保持安静，趴桌子午睡，不睡觉的同学可以写作业或阅读课外书，但不能离开座位或交头接耳影响别人休息。

加分项目：

午餐午休整体表现好，每人加1分，老师表扬的同学每人加2分

扣分项目：

1. 不在规定时间内吃饭午休的扣1分

2. 不讲卫生，乱扔垃圾的扣1分

3. 被学校登记纪律差或卫生差的每人扣2分

4. 有特殊情况不参加午餐午休要请假，否则扣2分，三次出现不请假也不参加午餐午休的则取消午餐午休资格

八、爱眼操

要求：

眼操时间必须准时站起来认真做眼保健操，保持安静，动作规范。不得在眼保健操时间内离开教室，服从任课老师的管理。（如果老师拖堂可提醒老师等做完眼操再讲）

加分项目：

值日班长在黑板前站着监督同学们做眼操，做不好或未做的要及时提醒，每天奖励五个表现最好的，每人加2分

扣分项目：

被值日班长登记做眼操时讲话或不做眼操的每人扣2分

九、卫生及电器

要求：

每天都要保持教室、走廊卫生干净整洁，桌椅摆放整齐，讲台整洁，黑板擦干净。教室中的电器人离必关。下午放学每个同学把自己椅子倒放桌面，值日的同学必须把地板扫干净再拖干净。（学校重点检查的时间点是早读、大课间、午休、眼操、放学）

加分项目：

搞卫生积极，表现突出，被卫生委员表扬的每人加2分

扣分项目：

1. 放学不搞卫生逃避的每次扣5分

2. 不摆椅子的同学每次扣1分

3. 卫生搞不干净的每次扣2分

4. 座位周围有垃圾，不主动拾起的扣1分

5. 如果卫生没做好，被学校登记扣分的，则扣值日生2分，值日班长1分

6. 使用电器被登记没关，则扣负责的同学2分，值日班长1分，最后一个离开教室不关用电器的扣5分

十、考试

要求：

把每次考试（单元考、月考、中段考、一模、二模）都当是中考，认真对待，全力以赴。

加分项目：

1. 优胜奖：年级前10名，每人加10分。年级11-30名每人加7分，31-60名每人加5分，年级61-100名加3分
2. 进步奖：与前一次大型考试比，年级排名进步50名以上加10分，进步20-49名加8分，进步10-19名加5分，进步1-9名加2分
3. 单科优秀奖：单科第一名加10分，单科2到5名加5分
4. 单科进步奖：与前一次大型考试比，单科进步5名以上每人加5分

扣分项目：

1. 年级排名退步50名以上扣10分，退步20-49名扣5分，退步10-19名扣2分
2. 考试作弊或帮助他人作弊者，通报家长，写500字检讨，该科计0分，扣20分

十一、值日班长和班干部奖惩条例

值日班长和班干部为班级工作必须本着公正、公平的原则，以严以律己、宽以待人的态度处事。对工作要尽心尽责，勤勤恳恳，主动积极完成老师交代的任务。热心帮助同学，维护班集体荣誉。届时，评优评先将优先考虑。

加分项目：

1. 值日班长值日当天，学校没有登记到有扣分的，奖励值日班长5分
2. 科代表每天及时收发作业，辛勤工作者，每周加3分
3. 纪律委员每天能管好纪律，科任老师没有反映纪律问题的，当周加3分
4. 卫生委员负责每天检查教室及走廊卫生，干净整洁，未被学校扣分的，当周加3分
5. 德育委员认真细致做好德育考核工作，每周加2分
6. 班长在班级管理好。当周拿流动红旗的情况下，奖励3分
7. 各组小组长每天认真收发作业，没有被科代表投诉的，每周加3分
8. 文体委员组织大型活动积极主动的。奖励10分。团体获奖的情况下一等

奖另外奖励10分，二等奖加5分，三等奖加2分

9. 宣传委员负责黑板报每次奖励5分，成员加3分

10. 各学习小组组长每天落实科任老师背诵和小测等方面的任务，则每周加2分

扣分项目：

1. 值日班长和班干部不能秉公办事，被同学投诉，被老师批评教育不改正的，撤销其职务，永不再用。被同学投诉，经查情况属实者，每人扣5分

2. 值日班长和班干部不认真完成本职工作被老师同学投诉或班主任发现的，扣3分

十二、其他

加分项目：

1. 前一周表现好，被学校授予流动红旗的当周，全班每人加5分

2. 参加义务劳动的每人每次加2分

3. 各类比赛

（1）参加学校级别以上的各类比赛的同学每人加5分

（2）获奖加分：

① 校运会比赛荣获第一名加10分，第二名加7分，第三名加6分，第四名加5分，第五名加4分，第六名加3分。团体获第一名所有运动员加8分，其余同学加5分；团体第二名所有运动员加5分，其余同学加3分；团体获第三名所有运动员加3分，其余同学加1分

② 黑板报获奖的，一等奖加10分，二等奖加5分，三等奖加2分

扣分项目：

1. 迟到：早上或中午迟到扣2分，被学校门卫登记到的迟到扣5分

2. 讲脏话骂人扣2分

3. 打架：情节严重的通报家长，赔偿医药费，写500字检讨，年级处分，扣量化20分。情节不严重通报家长，写500字检讨，扣量化10分

4. 不得带手机到学校，一经发现没收由班主任保管，等期末考试完让家长来领，并扣10分

5. 不得抽烟喝酒，一经发现通报家长，扣10分，屡教不改者，年级处分，扣20分

6. 损坏公物视情节严重程度，扣5-10分

7. 辱骂同学，对老师不礼貌或顶撞老师，扣5分

值日班长每天做好登记，然后交给德育委员统计分数，每周五放学前统计一周分数，立即公布。学习小组总分第一，进行物质小奖励，总分最后一名下周罚扫地一周。统计成绩每周一在家长群公布。

科任老师有权根据学科特点和课堂需要进行加分或扣分。

本人同意以上约定，支持并认真执行以上约定。

签名：

附录二：

班级日志表如表3所示。

表3

____年____月____日　第____周　星期____　值日班长________

上午	作业情况	
	早读（升旗）情况：	迟到： 卫生：
	第一节________	科任签名：
	第二节________	科任签名：
	大课间情况	出勤：　　卫生：　　电源：
	第三节________	科任签名：
	第四节________	科任签名：
	第五节________	科任签名：
中午	午间情况：	午休纪律： 迟到： 卫生：

续 表

下午	第六节________	科任签名：
	眼操情况	
	第七节________	科任签名：
	第八节________	科任签名：
	第九节________	科任签名：
	第十节________	科任签名：

值日班长必须本着认真负责的工作态度，做好班级一天的监督，管理班级的学习生活，为创建良好的班风班貌出一份力。

班主任签名

新班组建，如何快速建立良好的班风

深圳第二外国语学校　严　婕

尊敬的校领导，亲爱的同事：

大家下午好！

很高兴在这里与大家做一个班主任工作的探讨和交流。在被要求分享经验的时候，我经常会想到一个成语——野人献曝。一个没见过世面的乡下人，觉得晒太阳是件很好的事情，就把这个经验告诉了国王。或许我说的不过是老生常谈，但哪怕能给大家那么一丁点启示，也是好的，何况咱是第一讲，抛砖引玉吧。我发言的主题是：新班组建，如何快速建立良好的班风。

班级工作大致可以分为班风建设、日常管理和问题学生的处理，在以往的班主任培训里，常常听到年轻的班主任说，你能不能多讲点应对问题学生的好办法，我最头痛的就是这些人了。至于日常管理，反正有学校的制度在，跟着学生处和年级长的要求做就好了。可是，大家都知道还有一句俗话叫“火大无湿柴”。如果班风好了，问题生就会减少甚至全部被好班风同化，这样我们班主任就可以从琐碎的日常管理中解脱出来，留出更多时间和精力去学习、思考和总结，提升自己的教育教学智慧。所以，新班主任的工作重心应该是班风建设。潮平两岸阔，风正一帆悬，良好的班风就是江水，就是东风，水深风正，我们才好借势行船。

班风建设可以分为以下几步：

一、尽快深入了解自己的班级情况，确立适合自己班级实际的培养目标

班级新建后我们要面对各种棘手的关系：班级学生原初的风貌与班主任个性的关系；学生家庭教育与学校或班主任之间关系；科任老师之间的关系，老师与学生之间的关系……如此等等，就像新汽车上路的磨合一样，是一个必然的过程，而这个磨合的过程，即是从班级原生态的班风向理想中良好班风转化的一个初始过程。

针对这些问题，我的做法是这样的：

原初班风的特点，可以通过军训、课堂和各种活动课观察掌握，也可以通过科任老师了解，也可以通过随笔、周记、问卷调查等形式来归纳把握。

分班两天后放假，我布置了以“分班了”为话题的随笔，让同学们有一个倾诉和梳理情感的释放口。针对随笔的情况，我跟部分同学进行了个别谈话，给他们鼓励。接着让同学们注意观察生活，主动跟同学接触，准备周末回家写作以“我们的六班”为话题的作文，用任务驱动他们主动跟陌生同学交流。

还有一个有效的做法就是特殊的班务日志。班务日志开始由班委会成员主笔，班主任预先做鼓励和提示，要求内容尽可能详尽，以发现、记录美好为主要任务。班委之后就是其他同学执笔，大家轮流作史官，为班级写史，为同学作传。班务日记给学生之间师生之间提供更多更广阔的交流空间。一套班务日记，一个展示自我、接纳他人的舞台，一扇打开班级心灵的大门。

全面、充分的掌握班级情况，从班级情况出发确立适合班级情况的培养目标，是形成良好班风的起点。

二、重视“首因效应”，尽快走进学生心灵；利用一切资源，让学生充分展示自我

心理学有个现象叫“首因效应”，也叫第一印象效果，它是指第一次接触陌生人或事物形成的印象对人们后来的认识起到了先入为主的作用，这种印象不易改变，甚至会左右对后来获得的新信息的解释，所谓“良好的开端是成功的一半”。从军训开始，不到一周，我与每个学生都有至少一次的个别谈话，根据学生个性，建立学生档案；及时跟家长联系，军训时候，学生到位后，给

每位家长发短信息，感谢他们选择二外，告诉他们孩子安全到达，介绍自己并告知联系方式，学生出现异常，尽可能跟家长联系。主动跟科任老师沟通，了解本班学生的学科特点，帮助融洽师生感情，重视学生的反馈信息，及时改进工作方法甚至调整自己的个性，让自己融入新班级。在一两周的时间内，让自己走进学生的心灵，让学生坚信，我们的老师是职业的、敬业的、乐业的，并且，他是在关注着我的！

爱其师而信其道，带着你的光圈走进学生心灵吧！

除了首因效应，我们还应该用好霍桑效应。当人们在意识到自己正在被关注或者观察的时候，会刻意去改变一些行为或者是言语表达的效应，这就是心理学上的霍桑效应。分班后第一个晚上临时班委会成立，第二天早上，班委会运作，下午召开第一次班委会会议，除了职责分明，班规的制定外，我们会根据班级现状，列出同学们进班后的各种不适感觉。利用“头脑风暴法”。让学生来解决问题，比如座位问题，比如班干部竞选问题，比如如何最快速度认识他人与被人认识……学生永远比我们想象的要智慧，他们提出了很多好的建议，包括主动帮老师发放作业本，上课积极发言，在宿舍里要多帮大家做事等。为班级发展建言献策，自己的状态被知晓，自己的智慧在发挥作用……这样学生才更快的在新班级里找到信心与归属感、责任感。学生有了信心、归属感和责任感，会更加积极的规范自己的行为，良好的班风由此而生。

三、运用群体极化现象，进行正确的舆论导向，达成班级文化建设的目标

与个人决策相比较，集体决策往往会出现更加保守或更加冒险的两个极端转移的现象，这种现象在心理学上被称之为组极化效应，或群体极化效应。班主任要做的，是抓大放小，充分挖掘班级资源，把握好每一个教育契机，进行正确的舆论导向，利用群体极化心理，尽快地形成一种合力，让每个学生都能找到努力的方向，奋斗的动力，生活的温情，拥有良好的心态和积极的精神。而这种精神可以具化成一种目标，这个目标，可以用有引领作用的关键词来表达。比如我在二外的第一届文科班，是：乐学、阳光、民主。

这个目标是精神层面的，但它是一个班级的灵魂，或者品牌、特色。有了这个目标，所有常规管理便有了方向。标语、班训、图书角等教室布置，清洁

卫生、仪容等生活习惯，课堂文化、宿舍文化等与纪律有关的班规制定都围绕这个目标而来。

目标明确后，所有工作尽量让学生去做，前提是让每一个同学都知道，所有的建设都是为营造好的学习生活的环境，都是为培养一个积极向上的、人人都能得到提升的优秀集体而制定的，内容是形式的目的，形式是内容的手段。以上行动的目标是让每个学生都心悦诚服地参与并真正受益。

四、班干部队伍的建设

班级的常规管理，为了让每一个人都能参与班级，得到锻炼自己的机会，培养他们参与班级的责任感。我设置了两套班委会，强弱搭配，先由学生民主选举，再由班长组阁，有各自的施政纲领。每月轮换，协助工作，月尾的交接，班委会的工作总结，其实就是一个班干部管理班级的经验交流会。

这两套班子从何而来呢？接手新班后班主任要做的是尽快熟悉学生，确定班干部培养对象，一般来讲，我建议大家重视学生在新集体的表现而不太依赖他初中时候有否做过班干部，因为我相信每个孩子都希望在新的集体里给老师和同学一个全新的形象，所以会鼓励大家尽量展示自己，同时会利用军训时间，召开“向您介绍我”的主题班会——一般是让学生自我介绍，才艺展示，有时会用问卷调查，参考学生的档案，给学生更多平台。通过几天的考察和交流，确定试用对象，为了让更多的人有机会锻炼，常常会设立两套班委会。临时班委会确立后，进行培养和试用，试用期一个月（可根据班级实际调整），试用期满民主选举，根据情况确定正式班委会。

案例：

班长林敏儿同学的回忆：“一直以来，我都是用亲民的做法来管理班上的工作，这样做有时可能会让人觉得魄力不足，老师也几次希望我借鉴一下历史班班长惠娟的做法，我也想让自己有所改进，但可能我的严厉的样子每次都只维持那么几分钟就消失了，有些调皮同学并不在意我。后来，我们班实行两套管理班子还是很有效果的，我比较亲民，另一位班长祈德则有男生独具的魄力，该柔的时候我出场，该凶的时候就让他上来。所以有时候我也会觉得有点不好意思哦，很多时候都是我做好人，他做坏人，不过也还好，凭着我和他六年的交情，还有大家都明白我们这样做是为了我们班好，也就无所谓了。嘻！”

建议：

（1）做班干部的基本条件是“做事认真，责任心强，品质好，学习成绩也不错，能服人”。

（2）发掘与培养同样重要。

五、班级目标与班规的制定

这个目标从显性来讲，可以通过班规的制定来约束和落实，而班规的制定也是值得咱们去研究的。首先这个制度不能是班主任个人意见的体现，也不是直接照搬年级组或其他班级的现成规定，可以根据学校、年级的要求和班级的特点来确立，从学校德育目标来看，高一是起始年级，重点是养成教育，而高二主要是理想前途教育，高三是升大教育。而具体到班级，则需要班主任和全体同学群策群力去完成。一般来讲，班规制定之后，多数人同意，少数人反对是正常的；若有超过三分之一的人反对，可能要求过高；如果无人反对或约束力太弱，则可能要求太低，得把握一个度。

美国行为学家和人际关系学家J.吉格勒曾这样说过，除了生命本身，没有任何才能不需要后天的锻炼。换言之，不管一个人有多么超群的能力，如果缺少一个认定的高远目标，他将一事无成。设定一个高目标，就等于达到了目标的一部分。

所以接手一个新班之后，班级目标应该是学生需要跳一跳才能摘到的“桃子”，班规也是能奖惩分明，能督促大家做到更好的制度。当然，关于惩罚，制度可以避免少数人违纪，多数人陪绑。一旦发现人人都可以做好，小目标已经达成，新的目标就要建立了，而班规也要随之变化。

新班组建，除了教师的指导，学生最需要的是同伴支持，所以尽快让学生互相认识，并创造条件，充分展示他们的优点和长处，来激发学生对同伴的好感喜欢，见贤思齐，从而树立正确的班级主流文化。

六、运用名人效应，隆重推介教师阵容，让学生产生强烈的荣誉感和归属感

美国心理学家曾做过一个有趣的实验，在给大学心理系学生讲课时，向学

生介绍说聘请到举世闻名的化学家。然后这位化学家说，他发现了一种新的化学物质，这种物质具有强烈的气味，但对人体无害。在这里只是想测一下大家的嗅觉。接着打开瓶盖，过了一会儿，他要求闻到气味的同学举手，不少同学举了手，其实这只瓶子里只不过是蒸馏水，“化学家”是从外校请来的德语教师。利用名人效应或晕轮效应，隆重推介本班教师。十六七岁的孩子，多是比较感性的，喜欢观察老师，了解老师，新班组建，大家一般会打探新老师的情况，甚至喜欢对老师评头论足，不如在第一时间满足他们，增加他们对新班的期待感和亲近感。

亚里士多德说过，吾爱吾师，吾更爱真理。好老师也是靠好学生成就的，在即将到来的学习生活里，我希望大家多一点跟我们的老师沟通学习，尽快适应他们的教学，并积极支持他们工作，相互欣赏，是师生关系的最佳境界！

七、认真准备好每一堂主题班会

关于班会课，华东师大博士生导师李伟胜教授曾讲过一种思路，叫敞现——交流——辨析——提升，即先根据班级比较普遍或需要及时止损的事情，展示、敞现问题，再通过同学们之间交流讨论，辨明是非曲直、利弊对错，从而有的放矢地提升他们的精神境界，改进思维方式，提高他们的思想层次。这个思路不光是对班会课，我觉得这也是与学生沟通交流的一种有效方法、方式。

八、警惕“破窗效应”，抓住契机促进班风

美国斯坦福大学心理学家菲利普·辛巴杜曾在1969年进行过如下实验：他找来两辆颜色、牌子、外观完全相同的汽车，把其中一辆车的车牌摘掉并打开了车棚，将其停在加州帕洛阿尔托的中产阶级社区，另外一辆车完好无损地停在杂乱的纽约布朗克斯区，最终的结果令人非常惊奇：摘掉车牌子并打开车棚的车当天就被偷走了，而完好无损的那一辆过了一周也无人理睬。一个星期后，辛巴杜将那辆已经停放在纽约布朗克斯区一周都无人理睬的车的玻璃敲了个大洞，结果发现只是过了几个小时，它便不见了。这个实验证明，不良现象的存在会导致不良效果的无限扩展，从班级管理来看，如果我们忽视学生的看起来偶然的、个别的、细小的过错，就可能会产生巨大的负面影响。

班主任有两只眼睛，一只用来警惕破窗，一只用来发现契机。苏霍姆林斯基说过，要利用一切可以利用的条件来实施教育，学校的“每一面墙壁都会说话”。每面墙，每件事，都是教育的机会。

比如，将上级规定的任务转化为激励学生创造的活动。

对于评比，学校每周的量化评分方案，班级的每天加分都公布在学校公布栏上，从某种程度上对学生和班主任确实是一种束缚，但任何评比都有自己的利弊，但是，没有制度，一切也许更不公平，对不合理的制度可以提建议改进，一旦制度确立，每一次的扣分，恰好是教育学生加强自律的一种方式，便于班级的制度管理。

再比如黑板报，广播操、合唱、拔河等等，每一次活动，都是对班级凝聚力和创造力的一种突破。

还有学生的偶发问题也可转化为自我教育的契机。

案例：

开学不久，有个女生很激动地跑来问我：“分班时候，我们班是不是比兄弟班级差一点，某个老师说，学校的重点只有一个，而我们只是次重点。”抓住这个机会，我在全班跟大家讨论，让他们思考分析为什么我们会被当成“次重点”，而用什么方式才能证明自己是真正的重点，学习成绩？体艺？纪律？其他？我告诉他们，愤怒是应该的，说明我们有班级荣誉感和责任感，但是，争执和辩解没有力度，因为即使分班是重点，不加努力，将来也可能淹没于众人，谈不上重点。这是十一班转变的第一个契机，大家决定，先从学习抓起，为此，班委会自己调整了作息时间，每天早晚提前进班，并根据学习中遇到的问题多少，邀请老师进班，还根据老师的活动时间，编排了各科的辅导时间。这一举措，很快影响到其他班级，成为很多班级效仿的榜样，我的科任老师也十分感动。

我在这里要多发挥一点，希望不是离题太远。学校的多项检查、考核、扣分、文明班的评比，给班主任造成很大的压力，特别是对青年班主任，是以学习为主，还是以量化评分为重呢？我建议不必太在意结果，淡化评比，引导学生关注更重要的事，比如学习，比如思想的成长，素质的提高。同时，我们老师也要关注更重点的事，如自己的管理水平的提高和专业水平的提升。记得物理学家丁肇中先生在东方之子访谈时说过：“一个科学家要是为了获得诺贝尔奖而进行科学研究，那就太危险了。”做班主任何尝不是如此，如果努力的动力是为了应付学校的评比，那工作会多么乏味和没有前途啊。

所以有时候，我们可以淡化一点量化评分的结果，我们可以减少一点对问题学生的焦虑，而把工作的重心转移到班风建设上来。“潮平两岸阔，风正一帆悬”，潮水涨满，江阔水宽；帆高风正，正好行船。良好的班风就是那浩荡的江水，就是那有力的东风，让我们扬帆迎风，绕春山，过平原，带着学生和自己走到理想的彼岸！

班级生态系统的思考与初步构建

深圳市龙华区教育科学研究院附属学校　孟寒雯

生态系统，是指在一定的空间内，生物与环境构成的统一整体。在这个统一整体中，生物与环境的关系既相互影响，又相互制衡，最终达到一种“相对”的平衡状态。对于学生来说，从接受教育的那一天起，学校与班集体便成为他们活动的主要场所。同学之间，也是彼此重要的同伴。因此，班集体的氛围、班集体的生机与活力、班集体的舆论导向、同伴关系等，对学生有着直接而深刻的影响。

在孩子成长发育的自然过程中，不同阶段，他们的“重要他人”也在发生着变化。中学阶段的孩子，尤其是十三四岁这个阶段的初中生，他们的自我意识极其突出，既非常渴望得到认可、又极易受到周围的影响。这个阶段的孩子，同伴是他们的重要他人。同伴对他们的学习、生活、价值观、心理人格形成等都有着深远的影响。基于初中生的身心特点，在一个班集体中，如何让每一位学生选择到“合适”的重要他人，如何让每一位孩子成为他人“合适”的重要他人？我认为，构建班级生态系统非常必要。按照事物发展的规律，每一个时间节点都是构建“新的文明”最好的时机。因此，我们要抓住学生小升初这个重要阶段，充分利用他们对中学生活的未知、迷茫、好奇、期待等情绪，构建欣欣向荣的班级生态系统，让这个生态圈变得既和谐又多样！

班级生态系统的构建有一套系统的做法，它需要班级文化、班干部建设、家校共育、同伴关系、学习互助等方面的多方维护，才能迸发真正的生机与活力。在开学初期，我将着手以下几点，让每位同学都能在最短的时间内成为班级良好生态的积极创建者和守护者。

一、建立学生成长档案

班集体成立的第一次班会课，至关重要。它是全体学生“审视”班主任的窗口，决定了学生是否愿意全身心接纳这个新的集体。在开展第一次班会课之前，我会建立一本班级学生成长档案，取消以往让学生轮流上台自我介绍的环节，也能让集体氛围由不熟悉到迅速“破冰”，增强每位学生的集体认同感。

1. 成长档案主要内容

每人一册，每一学期自动为一系列，共8个系列。其中：有6个系列为每一学期的成长系列，第一系列和第八系列为启航系列与毕业系列。在启航系列中，主要包含每个学生的基本信息、性格、家庭环境等，班主任对每位学生的一句开学寄语。

2. 成长档案主要来源

启航系列的内容主要来源于家校沟通，以及开学初与学生初步的接触（如军训等）等多方资源收集。

3. 成长档案展现形式

纸质版。在第一次班会课上以卡点快闪视频的形式播放。

成长档案的建立，能够让班主任在最短的时间内，对班级每个学生有了一个初步了解。在这个“互相了解”“互相探究”的阶段，当班主任在第一次班会课上就能准确地叫出所有同学的名字，便能迅速“破冰”，让每位学生感受到班主任对自己的关注与关爱。同时，卡点快闪视频有趣有活力，能够极大地激发学生的兴趣，激励他们在这个新的班级生态系统中，最大限度地展现自我。

二、创新班会形式

班级成立初期的第二次班会课，我认为重点不是侧重某个主题，而是“奠基”与“畅想”。

1. 奠基

奠基什么？奠基班集体氛围。一个好的班集体，一定是一个和谐共生，生机勃勃的生态系统。因此，这一定是一个民主的班集体。只有民主，才能“自治”（“自治”并非“人治”，而是“法治”与“道德治”“舆论治”等相结合）。也只有在民主的班集体氛围中，学生才能充分发挥个性、发展个性，成为个性鲜明、各具特色的人。为了迅速建立和谐的班级生态系统，班主任要在民主的基调上，结合本班学生的个性和共性特点，奠定适合这个班级的班集体氛围。同时，在班级中后期，可结合实际情况，不断地调整、融合、进步。

2. 畅想

完美的“破冰”，需要鼓励学生大胆畅想。畅想一个月以后的班集体、一学期以后的班集体、一年以后的班集体、三年以后的班集体。畅想让我们每一位学生都对班级产生了归属感，对自身发展有了认同感，对自身转变有了信念感，对未来的班级生活充满了向往，对未来的自己充满了期待。

在第二次班会课上，我还会给学生们展示我们未来三年班会课的主要形式，言出必行。班会对于班集体生态系统的建设实在是太重要了，所以切莫错过如此重要的时机，将班会课开成了班主任的一言堂，抑或是“批评会”。班会课的变革形式多样，比如班级议会、班级辩论会、班级实践会、班级生日会、班级茶话会，等等。以班会为载体，将班级生态系统建设的画笔交到学生手上。

三、人人都是班干部

在班级生态系统中，班干部的作用就是其中的“生产者”，他们生产的“阳光”“水”“氧气”等，为这个生态圈的良性循环增强了动力。

班级成立初期，我认为最重要的不是选出最满意的班干部队伍，而是给每个学生为班级生态圈提供良性循环动力的机会，让每位同学都有机会成为这个生态系统的“生产者”，而不仅仅是“消费者”。我会在日常德育中时刻注入“责任心”的灌注，再施以“激励”的养料。双管齐下，先让所有学生明白做班干部最重要的是什么？不是经验与能力，是责任心。再尽可能地鼓舞所有同学去大胆尝试自己能够做到的职位。班级事务不分大小，班级职位也不分高低。有了这样潜移默化的影响，让学生明白班级里的每位学生都是班干部。

四、成立家校共育成长空间

在班级生态系统构建初期，家长是这个生态系统的重要维稳者。为了更充分地了解每一位同学背后的“第一任老师”，在建立学生成长档案的同时，我们还要着手成立家校共育成长空间，具体做法如下：

（1）通过面谈、电话访问、网络信息等形式，在开学前或开学初期，和每一位家长进行初步沟通与接触，初步了解该位家长是“科学民主型”“溺爱放纵型”“严厉粗暴型”还是“期望过高型”等等。

（2）在开学初期迅速着手开展第一次家校沟通会（家长会）。主题为沟通与信任。其中沟通与信任，都包括两方面；家长与学生的沟通、家长与学校的沟通，以及家长对学生的信任和家长对学校的信任。

（3）每学期定期开展家长课堂。家长课堂的次数不宜过多，一学期两次左右足矣。家长课堂可以结合学校、社区、社会等多方资源，优质筛选适合本班级生态系统现状的主题，这些对于启迪家长、调整家庭教育的心态和方法、如何有效地与青春期的孩子建立好的亲子关系等非常重要，可以以主题活动的形式开展。

每一次家长课堂的开展，要大致分为前中后三个阶段。前期，我们要在一周前向家长们预告（包括本次家长课堂的主题和主要内容、形式、时长、发放宣讲海报等）；中期为开展阶段，我们要提高家长们对于家长课堂认识的重要性，做好考勤和互动，让内容落到实处。后期，我们要为每一位家长发放思想记录卡片，召开研讨会，让家长们在轻松的氛围内，将家长课堂的所想所得，二次分享、二次传播。

经历了以上一些做法，在班集体成立初期，可以迅速初步构建起班集体的生态系统。总之，新初一的孩子，他们的人生又进入了一个新的阶段。作为班级生态系统建设的“蓝图设计师”，我们要抓住这个重要时机，在开学初期就积极筹备班级生态系统的建设。一旦系统正常运转起来，班级便会持续健康地发展！

班级小组管理的操作流程

深圳第二外国语学校　余双华

在二外担任班主任期间，因为所带班级为重点班，学生自主的能力有很强的可塑性，所以，尝试了新的班级管理方式，从引进苏联的班级管理模式到现在，班级作为学校的基本管理单位，已经存在了几十年的时间，不可否认，班级确实为学校学生管理带来了很多的便利，但是任何事物的发展都有它的规律和时代的局限性，在今天的学校管理中，我们已经发现了很多班级管理模式中的弊端，这种弊端，就要求我们去思考，在班级管理模式中的创新形式。新课标在课程的基本理念中提出了：积极倡导自主、合作、探究的学习方式。不是放弃教师的责任，更不是让学生自由的任意活动，而是充分发挥学生的主动性，使学生合理有效地参与到教学过程中来。

在行动之前，查阅了企业的管理理论，并且简单的进行了班级管理与企业管理相结合的分析，企业的管理层次的设置，一般是根据企业生产经营管理的需要决定其内部组织结构的，整个管理结构形成一个金字塔结构。各层次的职能描述简单来说有以下几点：首先，高级管理层的职能主要有以下几个方面。制定企业发展总目标与战略；评价各部门的总体业绩和运作状况，进行有效协调。中层管理职能是制定目标管理、目标和绩效考核办法与标准；评价工作业绩及运作情况，考察目标的合理性和工作发展空间；帮助下级人员解决工作中出现的问题，鼓励他们积极工作。执行层管理职能是有效分解工作目标，制订不同时期的工作计划和方案；制定科学严谨的控制和考核标准；及时跟进与整改，保证产品优质合格；及时解决员工困难，增强企业凝聚力；

这样的管理制度能极大地提升企业运行的效率，能最大限度地发挥每一个员工在每个层次中的自身的作用。运用到班级管理中来，也能够有效地促进班级管理的高效和快捷。

一、班级小组管理的实施过程

（一）制定小组规范

为了更为规范的执行小组的管理目标，首先和同学们进行了简单的沟通，制定了基本的小组规范。针对班级常规的方面，进行了小组的具体任务的安排，具体如下：

1. 小组职责

小组成员在民主、平等、健康、相互协作的班级文化氛围中，培养出一种愉快的心情、积极进取的精神。

2. 小组的自主管理

（1）小组的课堂合作学习。在课堂上讨论合作探究时，由该科小组长组织本组的同学展开讨论交流，每次推举出不同代表进行发言。并做好记录。

（2）小组的课外合作学习：

① 由总组长征求各科组长的意见制定出本组成员的学习计划，列出每天的学习任务和时间安排，并监督执行。

② 小组书面作业的互查互促。小组中相关科目的组长负责课堂和课外书面作业完成的督促、辅导、检查和收集工作，杜绝抄袭作业现象。

③ 小组背书任务的互查互促。小组中相关科目的组长负责督促和检查全组成员背书情况，并抓好落实，及时做好情况记录。

④ 小组每周总结例会。以小组为单位，利用周末课外时间，每周自行召开总结例会（可邀请一名科任老师作为导师，并邀请小组导师参加），发表本组成员对近来班级事务的看法，交流思想，总结上周工作的得失，并提出下周学习和工作的改进和措施。也可以与其他小组展开交流，彼此学习，相互促进。

3. 小组的纪律管理

（1）班级每天都由值日班干部在班级日志上登记当天的纪律情况，小组由组长负责本组的课堂和课外纪律问题，做好自我监督和管理。

（2）对违纪行为，组长首先要站出来管理，每天由班干部在教室通报栏中公示各组的纪律表现情况，对出现问题的组，由值日班干对该组进行扣分和提醒教育。班级每日都有值日班干记录班级纪律情况，以便在小组间开展评比。

（3）每周班会留出时间给每组同学进行表扬和批评，小组内同学表扬同组同学本周优点，批评自己不佳表现，增强纪律意识，提升道德修养。

4. 小组卫生管理

每组负责自己组员课桌周围的卫生保洁和监督工作，还负责第二天班级值日，直到不出现问题为止。

5. 小组课余活动的开展

开展一些小活动，丰富同学们的课余生活，也能提高小集体的凝聚力，同时也体现个性化小组的创建特色，展现学生的个性特点。例如由各小组共同商量策划了一系列非常有意思的小活动，如：书法作品展并进行评比、绘画比赛、朗诵比赛、数学速算比赛、语文知识趣味问答竞赛、掰手腕比赛，等等。

6. 小组管理运行机制

（1）重视小组整体考核，重个人，更重集体。

（2）各小组组内在学习、纪律、卫生、文体互相帮助、督促，兵教兵，整体进步。

（3）各任课教师结合上课纪律和学生学习给学生打分。

（4）每周评选优秀小组进行表彰。每两周评选学习标兵张榜表彰。

（5）考核结果作为期末评选优秀学生的重要依据。

（二）小组的产生

小组的产生，需要结合学生的实际情况，有针对性地进行组合，为此，在班级开始的时候，我只做了一份班级学生基本情况的登记表。这样，根据学生的弱势学科和优势学科以及相关个人爱好等方面的情况，将班级分成了六个小组，每个小组设立有大组长一名，学科组长五名，做到人人有事做，事事有人想。结合第一次段考的成绩，在段考二之前，进行了适当的人员调整，做到学科互补，最终实现小组整体的进步。

表1

高一（X）班级信息										
姓名	性别	居住地址	父/母姓名	联系方式	特长（可多写）	出生年月	身份证号码	是否团员	薄弱学科	工作单位

（三）小组的学习

在小组的学习方面，主要实行的是学习成绩的小组比较和增加优秀学生在小组比较过程中的比重，所以，在段考二之后，进行了一次小组的成绩挑战对比。如下表：

表2

高一（15）班班级学习小组学习评比计划	
总目标	段考二全班进步人数为70%，进入前10和前30总人数为5人和15人。
	总体原则
小组目标	小组平均名次相比上次考试要有所进步，且进步幅度越大越好。
个体目标	出现单科和总分获奖情况。
总体目标	有小组学科学习计划，有小组帮扶对象。有个人学习计划。
	具体实施

续 表

高一（15）班班级学习小组学习评比计划	
小组目标计划	（小组段考一年级排名总分—小组段考二年级排名总分）/小组人数
达成目标	单科腾飞和单科优胜，总分卓越和优胜。分别予以计算
总结	目标完成100%，坚持是动力！
	计算方式
分值分配	小组进步率每一个名次给予基础分20分，也就是第七名为20分，第六名为40分，第五名为60分，第四名为80分，第三名为100分，第二名为120分，第一名为140分。以此类推。
	一个单科优胜奖给予5分奖励，一个单科腾飞奖给予10分奖励，一个总分优胜奖给予10分奖励，一个总分卓越奖给予15分奖励。
	小组每周有计划，完成并检查通过者，给予每次5分奖励。个人每周计划完成且通过检查，每人奖励2分。
	在备考阶段，参加班级公务建设的，每人次奖励2分。备考时间为（考前两周），其他时间参加班级建设，奖励0. 5分，并计入班级量化评比中。

并以此为契机，为段考三的冲刺做好准备，事实上，进行了这一次的小组评比之后，尽管，我没有进行任何的惩罚和奖励措施，但是学生们还是对这种荣誉非常看重的，所以，在段考三的时候，学生们几乎是催着我完成成绩表对标，然后张贴在教室后面。而段考三的成绩也表明了，这种激励措施的有效性。

（四）小组的管理

小组管理方面，针对学校班级管理的常规管理，我将常规要求下发到小组中间，然后进行小组的集中管理。班级的情况通过班级日志来进行掌控，做好晚修登记和日常常规的登记。主要有这样几个方面：

（五）班干部管理

班干部管理方面，有常规的班级干部设置，但是在班干部的职能设置上进行了适当的调整。

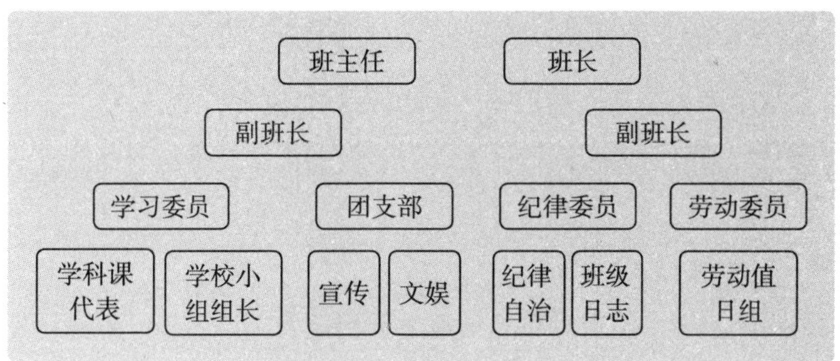

图1

首先由班主任和班长、两位副班长组成班级的决策层，之所以设计两位副班长，目的就是扩大决策层的面，不至于偏听偏信，两位副班长分别负责学习方面、班级文化建设方面、卫生方面、纪律方面四大块。开学之初由班主任、班长和副班长讨论出班级建设总体目标和要求，大致规划出班级期中目标和期末目标，并结合校纪校规制定班级基本公约。

由副班长和所分管的学习委员、劳动委员、纪律委员、团支部书记协商出班级各方面详细的行为管理制度和人员安排。学习方面由各个学习小组构成执行层面，每个小组设组长一名，负责该组的学习协调，课代表负责各科的学习任务的安排。劳动方面，成立劳动值日组，每个组设一名组长，负责本组的劳动任务。班级文化方面，由团支部的三名成员——宣传、组织、公物等三名同学具体负责。纪律方面，成立纪律督察组，由班级日志员和两位纪律委员组成。这样下来，班级就被划分成三个层面，各方面小组成为执行层，各职能组组长的任务就是将班级制定的各项内容和要求落实到人，然后督促他们完成任务。同时，也对他们的执行过程进行监督和评价，及时地将评价反馈给各分管班长和班主任。

班干部成为中间管理层，班长等构成了决策层。当然，班级毕竟不同于企业，最大的区别在于班级管理对象是平等的学生，我们的班级公约在完成初稿后，还要再拿到班会上由同学们提出意见并由组长统计，汇总后进行班级公约的定稿。这样的班级管理制度的好处在于，降低了班级运行的成本，解放了班主任和班级干部。班主任所需要做的就是会同班长、副班长，随时了解他们从各执行班干部那里得来的班级运行情况，做出适当的调整和处理。班长所需要的是协调两位副班长与其他班干部的关系以及必要时的大局管理。执行层的同学需要做的就是完成本组负责的任务和评价反馈情况。同时，这种班级管理模式还提升了班级管理参与面的扩大，有些同学可能是劳动执行组长，但同时是学习小组成员，他既然需要同学的配合，也就会配合其他组长的管理。这种交叉情况在执行小组的成立过程中普遍出现。也就是说，很多同学一方面是管理者，另外一方面也是被管理者。

以上只是对班级小组管理的方面做了简单的介绍，目的是通过这样的方式对班级管理的模式进行一些简单的探索和整理。

二、班级小组管理总结

（一）小组管理模式提出的理论依据

（1）美国实用主义进步教育运动的代表人物杜威认为："教育即生活"，而不是生活的预备，提倡在实际的生活中、经验中学习，在实际的学习生活中培养学生的自治自理能力。

（2）苏霍姆林斯基在《脑力劳动及学校与生活的联系》中认为："培养青少年热爱劳动的工作，也包括培养他们学会进行脑力劳动，培养他们随时随地运用自己的聪明才智的能力，让他们把握聪明才智有创造性地完成各种任务。"

（3）陶行知在《珍惜自己和锻炼自己》中指出："所谓锻炼自己，就是随时随地地学习，随时随地地实践，使自己具有经验和能力。"在《学生自治问题之研究》一文中指出："学生自治自理是把学生结起团体来，大家学习管理自己的手续。从学校这方面说，就是为学生预备种种机会，使学生能够大家组织起来，养成他们自己管理自己的能力。"

（4）心理学研究认为：个体发展到少年时期，心理上逐渐形成这样的特点，那就是：在各个方面表现出鲜明的独立性和自主性，他们要求自治自理，自己管理自己，自己处理自己的各种事情，不希望家长、老师和班主任过多地干预他们的生活、学习和娱乐等各项事宜。如果对他们干预过多，将会引起他们很大的反感，认为这是对他们的力量的不信任，从而产生与老师疏远，甚至对立的情绪，造成师生关系紧张。

（5）美国教育家布卢姆认为：教育者的基本态度应是选择适合儿童的教育，而不是选择适合教育的儿童。

（二）小组学习的优势

纵观以往的课堂教学，交往的片面性和单一性，是造成“满堂灌”注入式教学现象的主要原因。在实践中我们发现，通过小组学习的组织形式，可以有效地改善课堂教学中师生的交往形式，使学习活动的施动方不再只是教师，从根本上改变那种教师以自己的优势去迫使学生服从的状况，从而促进师生在交往中主观能动性的发挥。

1. 有利于沟通学生的已有经验

教学中阻碍学生主动交往的原因，主要是数学知识的抽象概括性与儿童思维的具体形象性之间的矛盾，解决这一矛盾的根本在于将数学知识与儿童的经验沟通，由此支持并鼓励学生用自己的办法主动解决问题。在小组学习中，儿童可以从自己的经验出发，用自己的方式去理解知识，从而进行主动的交往活动。如学习“角的初步认识”时，学生往往容易受边长的干扰，对角的大小不理解。在一次听课中，教师让学生在小组内自己折角比一比，在比的过程中，有的学生就提出“我的角胖，你的角瘦”，用胖瘦形容角的大小太形象了，教师再适时的引导，指出：胖的角一般说这个角大，瘦的角一般说这个角小。从这个例子可以看出，小组合作学习更有利于沟通学生的已有经验。

2. 有利于学生主体地位的发挥

教学中，如果教师总是试图引导学生研究“最简捷”的思路，那么在这个过程中，学生的活动还是不能摆脱教师思想的束缚，交往过程中将处于“假主体”地位。建构主义学习观认为：学生是主动探索知识的建构者，而不是模仿者。小组学习可以为学生提供更多的主动建构的机会，他们用自己的方式探索知识，在活动中主体地位才能得到充分体现。

3. 有利于创设民主平等的对话环境

“对话”从一定意义上讲就是民主平等的代名词，用“对话”表述互动交往中的师生关系是最具概括力的，以往教学中的那种从强制开始，以形成“标准共识”而结束的问答，充其量是一种“对答”，是教师站在绝对优势的先知先觉。学生的主动交往需要心理上的“安全”，需要适合的环境，在小组中学习，学生间是平等的，教师躬下身子的参与，在学生看来也是与他们平等的，在这样一种宽松、民主的环境中，学生敢说自己的想法，思维才能始终处于积极的状态。

4. 有利于使教学过程顺应学生的思路

当教学环节与他们的思维需求相违背时，学习活动将是被动的、消极的。在小组学习中，每个人都有发表自己意见的机会，都在思考，这样的环境有利于暴露他们的思维需求，便于教师顺应学生的思路调整教学。如学习“比较”时，在小组学习中，有些学生对两个问题列同样的算式表示不理解，他们认为两个问题应该是两个算式，显然学生的思维与教师设想的不一致。只有了解了学生的思维需求，教师才能针对问题适时地把教学过程进行调整，使教学过程更加自然流畅。

5. 有利于形成全面多元的评价方式

发展性评价注重评价内容的多元化，评价过程的动态化，评价主体的互动化。传统教学方式的评价不论是教师评价学生，还是学生评价学生，往往过多地侧重得出的结论，忽视思维的过程。在小组学习时，学生间的评价就不只在结论上了，在探索知识的过程中，他们之间的评价将随时随地的发生，更有利于形成全面多元的评价方式。

三、班级小组建设过程中可能面对的问题

（1）小组合作学习评价的核心任务是促进学生的发展，学生参与评价的目的是为了培养他们的反思能力，引导他们学会学习。评价以鼓励为主，但很多孩子的评价语及评价面还过于单一，还需教师通过不断学习来教会孩子如何评价。

（2）小组合作讨论时，学生不能在规定时间内完成任务，而且有时偏离主题。有个别小组的个别同学利用小组交流的机会谈论其他话题，这方面还需进一步监督好，制定相应的措施制约他们。

（3）学生的知识水平不同，并且综合素质存在差异，导致课堂参与程度参差不齐。班内总有几位同学特别活跃，发言欲望特别强烈，给其他同学带来压力。小组合作学习确实增加了学生参与的机会，但是好学生机会更多，扮演着一种帮助的角色。困难学生成了听众，得不到独立思考的机会而直接从好学生中获得信息，致使困难学生在小组合作学习中的获益比在班级教学中的获益还少，在小组活动中好学生发言的机会多，代表小组汇报的现象多。

高效课堂的核心理念是“六个字”，即自主、探究、合作，而要将这一核

心理念充分体现在我们的课堂教学中，分组学习是课改初级阶段较为行之有效的办法。这也是我在近几年的班主任管理过程中所思考的问题，而且在实际的操作过程中，也出现了不少的问题和反复，但是，任何的改革都应该有一个试错的过程，这也是班级管理改革所必经的过程。

浅谈起始年级班级小组文化建设

深圳第二外国语学校　任立勇

随着新一轮课改的全面展开，有关班级建设的许多方法都需要做出适当的调整与改变，需要将班级交给学生，让学生在班级建设上有更多的发言权、自主权。在班级文化建设方面，通过成立小组，让学生有更多的机会参与其中，在增强小组凝聚力的同时，也增强了班级凝聚力。由于起始年级有其特殊性，学生进入新的学校、面对新的环境，怎样使学生较快地适应，小组就是一个较好的平台。那么怎样在起始年级进行小组文化建设就显得尤为重要。

学校的作用之一就是培养学生具备健全的道德品行，而班级文化建设不失为一种有效的德育方法，但大部分班级文化建设都仅仅停留于表面，如装扮教室、喊喊口号、唱唱班歌等，甚至教室装扮、口号、班歌都不统一，没有内涵。像这种班级文化建设往往都是不可取的、不能对学生起到真正的作用。在我看来，班级文化建设的核心就是小组文化建设，尤其是在起始年级，更容易让学生融入小组、融入班级。

小组文化建设好，各小组百花齐放，班级的价值观才能得以树立。互助互竞带动小组学习积极性，学生的综合素质在小组文化建设过程中得以提升。下面，我将结合个人的班主任工作经验，浅谈起始年级班级小组文化建设。

一、优化组合、构建小组

由于是起始年级，师生之间互不了解，作为班主任，不能急于进行分组，为了使分组更加科学，班主任要多观察、了解学生，多方面去收集学生的信息，如拿到班级学生名单后，让每一位同学在线上发一段自我介绍，主要包含成绩、爱好、曾任何职务等；进行线上家访，向家长了解学生的基本情况：亲子关系、学习自觉性、是否主动做家务等；也可以通过军训了解学生，观察学生在军训期间的表现，与个别学生聊天等。对收集到的信息进行整理，对每一个学生的成绩（ABC）、性格（开朗、内向）、行为习惯（ABC）等进行量化。分组的基本原则是：将成绩、性格、行为习惯进行搭配，每组5–7人，并且男女搭配也要合理。尽量做到每个小组在成绩、性格、行为习惯等方面较均衡，这样就形成了强弱搭配，性格互补的小组。一方面使不同层次的同学相互影响，互相帮助，团结协作，共同进步；另一方面也有利于小组间公平地展开竞争。

二、竞选组长、各司其职

组长对于小组的重要性不言而喻，组长是小组的核心，组长的特性决定整个小组的特性，所以组长必须具有责任感、有爱心、有能力。班主任通过对学生的了解，对组长人选有大致的方向，鼓励其参加竞选。根据实际情况，每个小组推选2–3人进行竞选，在全班进行演讲——对小组的规划，然后进行投票（小组成员算2票，其他同学算1票），最后确定人选。为了便于小组工作的正常开展，每个小组还设副组长两名，分别管理学习与纪律；劳动监督员一名，负责卫生值日监督。明确成员的分工，做到人人有事做，事事有人做。

三、利用教室、小组展示

让班级的每一个区域都说话，教室布置没有为班级文化服务，就无法为德育工作起到教化作用。一个布置得当的教室，能够让学生身临其境，耳濡目染，起到潜移默化的教化作用。充分利用教室的区域，可以设置小组风采展示区，展示小组的组名、口号、目标、荣誉等，这种展示能够让学生有参与感、成就感，能够更好地凝聚小组成员。

四、量化积分、展示先进

适当的竞争能够让集体变得优秀，为了更好地区分小组之间的区别，可以对日常活动进行量化，在班级宣传栏设置一个优秀小组展示区域，对每周量化积分（均分）前三名的小组进行展示，对每个小组积分第一名进行展示，这样既体现个人、也体现团队，培养成员的小组协作能力、小组荣誉感；通过展示，形成小组之间、同学之间的你追我赶的局面，班主任加以正确的引导，更加有利于班级文化建设的氛围。

五、小组管理、充分自治

由于每个小组成员的不一样，都有其特殊性，结合小组特点，对小组进行互异性管理就显得尤为重要，在组长的带领下，围绕班级文化特点定组名、口号、目标，在班级公约的框架下定小组公约。小组自治，相互监督。待小组运转正常，班主任就可以放手，把班级文化建设还给学生，既使得班主任从烦琐的班级管理工作中解放出来，又能够提高学生的自主管理能力、提升学生对小组文化建设的参与感。

六、课外活动、塑造小组

由于是起始年级，为了加深小组成员、班级成员之间的关系，适当地组织一些团队拓展活动很有必要，如：迎面接力比赛、同心鼓、U型槽、巨人脚步等，让学生在游戏中提升团队协作能力，也能够让学生更快融入集体；举办多种多样的班级活动，如：校纪校规知识竞赛、学科知识竞赛、书法比赛、歌唱比赛等，每一次小组获得荣誉，都是小组凝聚力得到进一步提升的机会。

总之，起始年级班级小组文化建设是基于班级文化建设而产生的，但小组文化建设的根本是学生内心成长的一种需要，通过小组的成长实现自我价值，通过每一次的展示自我，实现超越自我的目的。小组文化建设培养了学生的自我管理能力，锻炼了学生的合作意识，增强了学生的集体荣誉感，提高了学生的学习兴趣，减轻了班主任的管理负担。作为班主任，要用心去感悟，脚踏实地，多与学生沟通，走进学生的内心世界，在工作中不断完善小组文化建设。

建立有效的班级激励机制

深圳市高峰学校　应　琴

班级文化，是一个班级的灵魂。讨论班级文化的建设，在当前班主任工作中非常重要，也是很及时的。在几年的班主任管理过程中，也有过关于班级的文化建设方面的思考，但一直没有能形成比较系统的理论，希望能通过这个讨论会来获得一些进步。我仅谈谈我对班级激励机制的思考。

班级是一个小群体，在这个群体中，存在着充分的竞争，不管是学业方面的竞争，还是人事方面的竞争。这种竞争力可能是明显的，也可能是隐性的。如果不能好好地利用这种竞争力，可能会导致班级成为一盘散沙，但如果能充分利用这种竞争态势，会让整个班级显现出一种积极向上的状态；同时，有效的班级激励机制，能促进学生的主体意识和民主意识。作为班主任，要充分利用班级的竞争态势来完成班集体的凝聚。

班主任充分认识竞争的作用，在班级中，学生常常表现出对荣誉的尊重，甚至是某种威信的渴望，希望能在集体中得到重视，学生在平常的学习生活中，期待老师对自己的鼓励，期待在学习成绩上能够有自己努力的付出和收获。另外，一个团队或者一个群体的管理，需要有一种现代化的管理方式，通过对不同团体成员的奖惩措施，能提高团队的活力。在班级中，如果能够让学生始终处于一种竞争的状态，更能培养学生们自我管理、自我发展、自我体验的意识。

建立激励机制，首先要有激励，这种激励体现在要有一个班级所认可的目标来达成，这种目标可以是短期的，也可以是需要一段时间来达成的。按照现代企业管理理论来分析，要设立一个具体的目标，具体的目标比抽象的目标更容易带来效益，抽象的目标比具体的目标更容易带来动力。所以，班主任在设置班级目标的时候，要充分地分析班级现实，和全班同学一起设定一个可以达成的目标。

一、切实可行的目标机制

1. 班级的目标

我认为，一个班级的目标，应该也必须是以成绩为首要目标，这是学生最容易达成也是最能达成的，但是怎么设置一个班级成绩目标呢？我觉得，应该让学生找到一个对手，成绩靠后的同学以前面的同学为目标，成绩靠前的要以重点班或者重点学校为对手，不能只是设定一个抽象的进步的目标或者具体到多少分这种不科学的目标，另外还应该有一个班级整体分数目标。在接手美术班的时候，因为没有历史的成绩作参照，所以我利用学校参加的六校联考和惠州一模的成绩进行了相关学校的对比，其中重点对比了和二外同层次的二实和西中。其中二实的录取线和本校相近，西中的稍微低些，我对比了二实的成绩，480以上的比例超过我们班20%，400到480的比例比我们高2个百分点。而西中，用最好的班级比较，中等生的比例低于我们班，但是480以上的比例比我们高，400以下的比例比我们要低。这说明我们班存在一个严重的问题，高分太少，低分较多，所以在做成绩分析的时候，我给他们定下了两大基本线，在高分层要突破二实的线，在低分层上要降低。这是一个班级基本目标，在这个目标之下，订立个人的奋斗对象和目标，比如要求黄俊锦达到二实第一名的水准，其他同学也要订立类似的目标，这样才能够在学习过程中，既有班级整体奋斗的风貌，也有个人努力的动力。在这样设定目标之后，用个人目标树的形式张贴在后面黑板上，当然，为保护隐私，所写的目标可以折叠不让别人看。

2. 德育目标

德育从来都是一个班级成绩成功与否的基石，我们只有重视德育，重视班级的基本常规管理，才能给予学生一个良好的学习氛围和培养学生良好的学习习惯，德育相比较成绩而言更为依赖班级的集体努力。所以在设计班级德育目标的时候，要从学校的要求与班级德育水平出发，要能激发学生对班级集体的热爱。而且德育应该是从具体的班级管理细节方面体现，具体到班级里面就是一些日常行为规范，包括卫生、考勤、作业上交等方面。这些需要有学生的共同的认识，只有建立在共同的认识的基础之上，才能够有可能实现。美术班的建班之时，遵照学校的要求，拟定班级的公约，在这个公约之内，我要求学生每个人都提出自己能为班级所做的，和你对班级中其他同学的要求，最后提炼出了十条左右的班级公约，之所以只有十几条，是因为我觉得，过细或者过多的要求，最终可能会流于形式而导致失败。在细则中，学生们特别强调教室的安静和卫生工作的准时。这让我看到了学生对于班集体的一种集体认同感。在设计班级公约之前，我召集了班级的班干部和几个班级积极分子，分别对他们提出了作为班主任的要求，然后逐条地让他们分析，如何表述得让学生懂得并且能遵守。形成真正属于他们自己的班级要求。

在最开始的班级评比中，美术班的周评比效果不理想，总因为宿舍或者卫生等方面的问题扣分。在设定了班级公约之后，很明显的一个变化就是学生在每次卫生检查的时候都能做到尽职尽责，并且能大家一起努力，即使不是自己的值日时段也会尽量地把班级的卫生完成，在宿舍每天都有同学给我提出今天扣分的原因是什么，如何解决等等。之后几个星期都没有出现扣分的问题，获得了星级班级，并且有几次是以第一名的成绩获得星级班级，在月评比中获得了红旗班级，最终在年底的评比中，我们班获得了优秀班级的称号。这是一个由散漫班级最终变成了一个有着强大凝聚力的班集体，真正实现了班级公约的作用。

二、稳定的评价机制

前面所讲的都是学生方面的，是学生主动地参与班级建设的一些具体设想，那么涉及班主任的方面，我认为应该是要有一个比较稳定的评价机制。在学生而言，他们是有热情为班级的建设做出自己的努力，但是他们也希望这种努力是在一个公正公平的环境下的，如果班主任的管理是“因人而异”“因事而异”，那么势必会伤害学生的积极性，对于班级的管理非常不利，所以，在建立了有效的班级管理制度之后，需要有与之配套的班级评价机制。

具体的设计过程，首先要确定班主任的角色应该是班级公约的践行者和监督者，而不是解释者，只有这样才能让班主任融入班级管理过程中去，不会超越班级的成员，获得班级成员的认可。

其次，要确定班级干部的管理角色，班干部作为最核心的班级管理者，需要在班级公约的执行过程中成为真正的模范，能够以身作则。最后，也是最为关键的，就是有明确的赏罚措施。在具体的措施上，班主任和班级干部共同制定了几个基本的赏罚措施，每天的值日任务没有完成的，第一个惩罚就是重做卫生，其次要承担因自己没有完成任务而导致班级扣分的后果，必须做出一个合理的解释，并且在班会课上承诺自己下次不会再出现类似的问题。如果出现作业不交的问题，那么惩罚措施就是让其结合此次作业的内容，制定一份比较详尽的考卷，作为小组学习的资料存档，等等。这样一些措施下来，既不会让学生觉得自己的人格受到了侵犯，也能有效地制止类似问题的反复出现和反复治理。

当然，我们在具体的赏罚设置上，还是要带有一定的情感性和实际性，对于那些由自身的习惯而造成的问题，我们不能过于严厉地批评和惩罚，而是引入自我对比机制，如果在自身的进步方面获得了很大的成功，我们的惩罚也应该相应的改变，变成一种人格的赞赏和激励。在这种有所选择的奖惩机制下，能发挥每个人的热情。

三、良好的督促机制

良好的督促机制，是班级公约完成的保证，也是对学生激励的一个保证，在班级的督促机制方面，要发挥集体成员的力量，让他们都能够成为班级的督促者和检查者，这样也能让成员在不断督促的过程中看到自己可能的问题和反思自己的做法，同时，也能有效地促进班级的团结。为了保证这种督促机制的实施，应该是每一个个体成员都有权利和义务去进行班级目标达成过程的督促。同时，这种班级干部轮流制，也解放了班主任，不再让班主任成为“班长”，而让班长成为传声筒，有效地凝聚了班级。在美术班的班干部设置上，我没有设置具体的岗位，而是实行班级值日制，每天都有一位具体的班级事务的负责人，每个人都有机会成为本星期的班级事务的领导者。具体的班级事务分为班级总理人、班级卫生负责人、班级纪律负责人，人员都是由学生自我推荐和群体推荐。一个学期下来，基本上，班级每一个人都有一次机会作为班级某一具体事物的负责人的身份亮相，在每一次的班会课上，由上一周的负责人来对上一周工作的总结和反思，并提出具体的改进措施，对下一周的负责人提出自己的期望。

四、人性化和情感化的处理

我们常说法理不外乎人情，作为一个团体也好，作为一个班级也好，我们所面对的都是人，我们有具体的措施，有具体的执行者和监督者，但是我们还是要看到，学生作为一个个体，尤其是作为有个性的个体，我们在制度之外，还是要投入一些人性化和情感化来处理问题，这就需要班主任的引导作用。班主任需要在制度的执行过程中，一直处于一种宏观的角度来看待班级的变化，对于那些经常出现问题的学生，我们不仅仅只是单纯地用制度来激励，而应该加入情感的因素，让其能够更为自觉地加入班级的共同成长过程中来。在日常的班级管理过程中，我经常对我们班的学生说，规矩是死的，人是活的，我们可以在制度之下，稍微地“放肆”一些。这样既有利于制度的贯彻，也有利于学生的成长。比如美术班的学生确实存在着一些不好的行为习惯，这些行为习惯在那些优秀学生的眼里就是一个非改不可的问题，作为班主任就应该引导那些学生正确认识，也要和学困生进行情感交流，关注他们的每一个小的进步，关注他们每一次的努力。这样，结合制度和人文，更能激发学生的向上心。

总之，建立班级的长久有效地激励机制，靠的是班主任的认真观察和爱心投入，靠的是学生的自主和团结。只有建立有效的机制，才能促进学生和班集体的成长，只有班主任和同学们以平等来对待，以爱心来看待，一个和谐进步的班级的建立也就有了可能。

班级文化建设的对策与对学生成长的影响

河源紫金中学实验学校　黄锦文

李学农曾经在其《中学班级文化建设》一书中提出：“关于班级文化，可有广义和狭义两种理解。广义的理解是指班级生活中一切文化要素，狭义的理解是指班级全体成员创造出来的独特的文化”。笔者在赞同李学农对班级文化的定义的基础上，认为，班级文化应该是由班级成员即教师与学生在实践过程中有目的、有计划地创造出来的所有物质财富、制度财富与精神财富。

一、班级文化建设的策略

（一）创建舒适独特的物质文化

班级的物质文化是最表层的文化，它可视、可触，给人以直观的感受，能在这种物质文化下受到熏陶与感染。

1. 座位的编排

座位的编排是一门艺术，搭配合理，能使学生之间相帮互助，共同进步，搭配不合理，则会影响整个班级的运行。座位编排一般需要遵循：动静搭配，根据学生的性格与气质来安排，是彼此之间形成互补，互相取长补短；男女搭配，男女搭配可以让男女生之间大方自然的交往，让男女生有更多接触交流与合作的机会，从而降低早恋概率。也在一定程度上增强班级的凝聚力；优差搭配，先进带动后进，达到共同进步，并且可以培养学生的合作意识，避免产生对后进生的歧视从而成为班级的特殊群体。

2. 教室的设计

教室是学生活动的重要场所，所以教室的布局对学生有着重要的影响。首先是桌椅的摆放，一定要力求整齐，其次是墙壁的规划，全体师生参与讨论，需要定出统一的格调，给人一种协调、舒适的感觉。可以悬挂一些励志标语，也可以粘贴学生梦想，让墙壁也在说话，时刻鼓励着学生积极向上。最后是教室的角落，如设计一个图书角，让学生可以在课间“沐浴”在“书海”中，拓展学生们的视野。

3. 板报的创编

让学生以小组的形式，分期进行板报创编，板报主题由小组成员自由拟定。在板报创编的过程中充分发挥学生的想象力、创造力，以及小组成员之间凝聚力与团结意识。通过板报的创编，尽展学生们的个性与才华

（二）建立民主科学的制度文化

班级的制度文化主要是以规章制度、公约以及纪律等为内容呈现出来，并由全体同学共同遵守与执行的文化。制度文化在一方面能作为一个标尺来评定学生的品行，另一方面能作为鞭子来鞭策自己，约束自己的行为，从而使同学们形成良好行为习惯。制度文化毕竟是学生共同去遵守的，所以最好是让全班同学共同出谋划策，共同筛选决议，让每一位同学提出的条例要有依有据有理，然后再进一步整合形成班级的共同制度。这样能让全班同学体现他们作为班级主人的地位，也能让学生对制度心悦诚服，从而能更好地让学生进行自主管理。

（三）营造积极向上的精神文化

精神文化是物质文化与制度文化的升华，它是全体师生们的意识，舆论以及价值的体现，是班级文化建设的核心。班级精神文化的建设首先要形成良好和谐的人际关系。学生与学生之间，学生与教师之间要互帮互助、民主平等、理解宽容、尊重关爱，从而达到彼此的心理认同与情感共鸣；其次培养健康的舆论风气，教师要引导学生往健康、积极、向上、正确的方向发展，充分发挥积极的舆论作用；此外还应营造优良的班风。班风是持久、永恒的，需要长期坚持的信念与良好的学习和生活习惯来共同营造。最后，班级可以开展一些主题班会以及文体活动，或积极以班级为单位参与各项比赛，从而增强班级的凝聚力。

二、班级文化建设对学生成长的影响

（一）班级文化建设有利于学生良好品质的形成

班级文化是班风、学风、价值取向、人际关系与舆论风气的共同体现。对每位学生起着潜移默化的教育作用。在物质文化建设过程中，能够充分地调动学生作为班级主人公的积极性，能够让学生在小组合作过程中，体会劲儿往一处使后的愉悦，在建设过程中充分发挥学生的特长；在制度文化过程中，学生们能为班级的发展献计献策，培养学生敢于发表自己观点的习惯，在制度执行过程中，能让学生进行自主管理，用制度去约束自己的行为，用制度的标准去要求自己；在精神文化的建设过程中，能凝聚全班学生的力量，为班级的荣誉而战，在一定程度上能够提升学生的责任意识与集体荣誉意识。让他们真正意识到自己是班级的一分子，自己的所言所行代表着整个集体，真正形成为自己行为负责的良好品质。

（二）班级文化建设有利于健康和谐关系的建立

在班级文化建设过程中，充分体现着师生合作与生生合作的精神。能够利用班级文化建设的机会，提供更多学生与学生之间互相合作、互相交流、共同去为班级谋划的机会，能够让学生团结起来，发挥各自的特长，体现每个学生的价值。在一定程度上弱化了学生与学生之间少交流，不了解而产生的矛盾。也降低了学生因受青春期的影响对异性产生好奇而走上早恋道路的可能性。全班学生的共同付出与合作能将学生的心凝聚在一起，形成班级健康和谐的相处氛围。

（三）班级文化建设有利于学生个性化与特长化的培养

班级文化建设过程需要班级每一位成员参与。在这种以学生为主的班级建设过程中，为学生的个性发展提供了很好的平台，在整个建设过程中充分体现了本班学生的个性，也为他人呈现出本班的个性。此外，因学生共同合作的成果，学生能够充分发挥自己的特长，将自己的优势发挥出来，而不会单纯地被应试教育的指挥棒指挥着，这样更能让学生们体现出其在班级中的价值，也让学生们更有自信地发挥其所长。

三、总结

班级文化的建设对学生具有教育性，能有利于健康和谐关系的形成，并且能充分发挥学生的个性与特性。而班级文化的建设不是一蹴而就的，它是在班级全体成员的共同努力下慢慢形成的，它凝聚着全体成员的智慧结晶。它是动态的，不断发展的，所以也要求学生们要以发展的眼光去看待自己，时刻保持一颗积极向上的心。

参考文献

李学农. 中学班级文化建设［M］. 南京：南京师范大学出版社，1999.

我这样做起始年级的班级管理

深圳市龙华中学　丁跃龙

一、传统班级管理中存在的问题

事实上，传统的班级管理有一些明显的问题，大致总结如下：

1. 学生缺乏集体荣誉感

高中生大部分的时间是在班级中度过，所以班级与学生的成长密切相关。班级综合素质的表现在多方面，集体荣誉感在其中占据重要地位。然而现如今，随着社会以及经济的高速发展，全国各地不同层次的学生在同一个班级学习，文化、家庭等背景差异明显，学生间的距离感增加，导致高中生的集体荣誉感缺失严重。另外，随着微信、QQ等社交系软件的不断升级，学生们其实更多的是在网上交流，在现实中的交流较少，这严重影响了同学之间的感情，进而造成了学生班级荣誉感的缺失。

2. 学生之间缺乏合作意识

在现如今的中国社会，家庭中的经济情况较好，所以父母或长辈对孩子溺爱严重，导致孩子大多以自我为中心。例如在班级日常教学中，一个复杂的问题需要学生小组讨论才能出结果，然而全班相互讨论的人很少，只有零零散散的声音。再比如学校举办学生论文评选，当老师设置好题目后，往往学生是独自完成撰写，而不是多个人一起合作完成。

3. 班级中缺乏凝聚力

就目前而言，虽然素质教育一直在实行中，但是高中基本上还是应试教育居多，提高学生们的成绩才是重中之重。故而班级中的学生过于重视学习成绩，导致班级缺乏凝聚力。虽说这样学生们的成绩提高了，但是学生的集体观意识薄弱。如果班级的凝聚力不足，那么对班级学生的人际关系就会产生影响，长期下来就会导致恶性循环，甚至会减少学生之间的交流。

二、高中班级管理模式的实践

作为一个青年教师，班主任生涯的第一年刚刚结束，自己的班级管理也由最初的手忙脚乱到如今的得心应手，在这期间，我的做法大致总结如下。

1. 以身作则，树立威信

作为一个刚毕业的教师，班主任的经验不足，并且由于年轻，很容易与学生打成一片，这就导致了与学生距离过近，而没有了班主任基本的威信，进而导致班级管理出现问题。所以树立威信是所有班主任的一条必经之路，但作为一个“新手村”的班主任，如何来树立威信呢?我总结了以下几点：

（1）班主任要以身作则，要求学生之前先要求自己。事实上学生的成长与老师息息相关，学生的行为也会模仿老师的行为。班主任如何去要求学生，必须从自身做起，为学生树立榜样。例如：我平常要求学生每月剪一次头发，我自己也会一月一剪；要求学生穿白色回力鞋，我自己每天都会穿白色鞋子以做示范，这样学生就会按照学校要求去做也不会有逆反心理。如果想要学生不违反校纪校规，那么作为老师就必须以身作则，不抽烟、上课不迟到等，严格遵守学校规章制度。例如：我要求学生早上7：10之前、中午14：20之前、晚上19：00之前到教室，我每天都会在这三个时间点之前甚至提前5分钟到教室，除非特殊情况，为学生做好示范。

（2）多约谈学生，从每次的约谈中了解学生的心声。比如在期中考试之后，班级有的学生成绩不理想，我利用晚修时间逐个找学生谈心，了解学生的内心想法，走进学生的心里，与学生的关系越来越近。

（3）注意自己的言行举止。不管是上课还是下课，在学生面前，该严肃的时候就严肃，不要与学生嬉皮笑脸，有时候也需要幽默行事，但是一旦违背原则性问题，必须予以严惩。

（4）要终身学习。自始至终不要忘记，自己是一名教师，教学才是革命的本钱，是安身立命之本，务必要保持终身学习的心态。现在是信息技术时代，对数学教师而言，需要一直学习新的软件，例如GGB，才能在班级教学中游刃有余。

2. 选拔优秀班干部

高中班级事情多且繁杂，如果全部事情都是亲力亲为，只会事倍功半，并且会浪费大量自己的时间，所以我们一定要培养一支优秀的班委队伍，以班长领头，其余班干做辅助工作，这样才有助于我们的班级管理。班主任需要在班级多设置职位，尽量让每一位同学参与班级管理。我在班级中设有各种职位，不仅有班长、课代表，还有窗帘管理员、空调管理员、电扇管理员等，让每名学生都有表现的机会，使学生的集体荣誉感得到增强。我们的目标是：如果活动能由学生自己组织，全部由班干负责，给予学生们充分的主动权；如果能够由学生转达的通知，全部由班干部传达；多利用晚修时间召集班干部，一起探讨解决问题的方法途径，不要一言堂，多采取民主管理的方法，这样学生不会产生逆反心理。

3. 平常事件上的“软处理”

现在的高中学生正处于青春期的尾巴，是会经常犯错误的。如果学生犯错，班主任直接采取强硬措施，也许学生表面会屈服，但内心并不服气，心结并没有解开，往往时间刚过不久，该生又再次违反班级纪律。因此我们可以“软处理”这些事件。

在有一天班主任的晚修过程中，班级一位男生小川，晚修期间说话，被我点出一次之后安静一会又再次说话，我再一次点了小川的名字，此时小川内心不服气，当着我的面摔本子、扔笔。我喊他上讲台解释，小川以要做作业为理由不上讲台。当时气氛很僵硬，我也被激怒，准备当着全班的面训他，但是即将下课，我暂时未作声。下课后，我在办公室与学生约谈，让学生讲明理由，小川说我只是在跟同学讨论问题而已，说话情有可原，不该一直被点名。我与小川仔细说了晚修期间的纪律问题，并由纪律谈到了生活，详谈了将近半小时，最后学生认识到自己的错误，愉快地离开了。假如在这个事件中，没有进行“软处理”，对学生大吼大叫，强制性地批评他，该生不但不会服气，还可能会产生逆反心理，不利于班级管理。

4. 量化管理，常抓不懈

量化机制，是高中班级管理中的重要措施。我是这样管理的：首先，召集重要的班级干部开会，商量制定班规班纪，在其中详细定出加分扣分原则，包括学生在学校生活的所有方面。其次，给班级分小组，大概6人一组，隔壁小组给自己小组计分，防止作弊行为。然后选定专门的统计量化积分学生，这个学生要可靠，并且别的学生都没有怨言，一周一总结，以小组捆绑制为单位，统计出最高分的小组与后两名的小组。最后，有奖励有惩罚，第一名奖励下周一节自习课可在学校自由活动，而最后一名周一、周三、周五打扫卫生，倒数第二名周二、周四打扫卫生，以此充分调动学生的积极性，也相应地提升了学生的集体荣誉感。

5. 做学生的“心理老师”

高中生的心理状况较为复杂，经常会有学生出现心理问题，需要我们多了解、多沟通，提前预防学生的心理问题，进而激发学生的信心，指导学生们走出困境。比如班级有一个女生小馨，该生经常脾气突然爆发，表现在与同学的交流、课堂上的学习等时候，甚至有一次英语课由于课本没找到，当时大哭起来。晚修期间我几次专门约谈小馨，谈心后学生自己说明情况，由于初三学习压力过大，去医院诊断出了轻微抑郁症，由此认为自己病情严重，所以情绪波动巨大。我与之详细谈心，分析了小馨情绪爆炸的主要原因是压力过大，实际上身体健康，无任何病情，安慰学生的情绪与心情，到现在为止，小馨的情绪正常，再没有发生过其他的突发情况。所以我们要做学生的“心理医生”，遇到有问题学生不能听之任之，不闻不问；也不能大声责骂，报以冷漠态度，而是应该多与之谈心，了解情绪变化的原因，用真挚的情感感化他们。

三、结束语

总的来说，起始年级的班级管理至关重要，并且其模式不是一成不变的，我们需要不断去创新管理方式，使得我们的工作游刃有余，让学生们的学习更加主动。

参考文献

[1] 刘磊. 如何加强高中班级管理的办法和对策[J]. 时代教育，2015（2）.

[2] 代福斌. 新课改背景下如何做好高中班主任管理工作[J]. 教育界，2016(7).
[3] 谭福禄. 高中班主任管理工作的几点思考[J]. 课程教育研究，2014(34).
[4] 张勇莹. 浅谈如何做好班主任工作[J]. 小作家选刊，2013(8).
[5] 文朝晖. 浅谈做好高中班主任工作的一些思考[J]. 新一代(下半月)，2014(6).

高中阶段班干部培训

——如何选拔班干部

深圳第二外国语学校　余双华

在简介如何做好班干部培训工作之前，我们需要明白班主任和班干部的关系，以及如何认识班干部在班级管理中的作用：

第一：班级管理是班主任基本职责，班干部只是一个“小助手”作用，所以班主任不要把自己当作公司领导，把班干部当作“职业经理人”。无论你多么强调学生的自主管理，前提条件都是班主任已经打下了班级管理的自动运行的良好基础。

第二：管理好一个班级，需要的不是如何做好班主任，如何做好班干部，这些都是次要因素，一个良好的班级运行，需要的是做好班级的制度建设，这个制度应该是全班同学公认的，并且不会轻易地被破坏和解除的，即使是班主任本人也不可以。在完备的制度之下才会有好的学生自主管理的可能性。

一、如何发现班干部的苗子

（一）积极肯投入

其实现在高中生都不太愿意做班干部，相比较初中生而言，他们更懂得人情世故，知道班干部更多的时候是在为“班主任义务劳动”，或许你会说班干部可以提升他们的很多能力，但是没有几个同学会看得这么远想得这么多。所以，在挑选班干部的时候，学生的积极性就显得非常的珍贵，甚至我们可以说挑选班干部，就要有才有积极性优先，有积极性无才次优选，有才无积极性不取。无才无积极性不理睬。

所以，新班级的班干部选拔之前，可以尝试在班级中搞一些学生立马能做到的活动，看看哪些同学可能会比较有积极性，当然，提前做好学生之前学习经历的班干部履历也是一个不错的做法，曾经做过班干部的一般都不会拒绝再次担任班干部（除了劳动委员之类的苦活）。

（二）学习能自律

班干部的事务性时间肯定会比其他同学要多一些，那些埋头苦学的学生往往迫于自己的学习压力和父母的要求一般都不会主动去担任班干部，当然，如果你遇到了一个学习好同时又愿意担任班干部的学生，那么毫不犹豫肯定就是他了。一般来说，我们挑选班干部肯定不能以成绩来定英雄，但是也不能不看成绩，因为班干部的成绩好坏其实也是他班干部威信树立的来源之一。所以，我们在挑选班干部的时候，一定要结合成绩来看。但是对于那些特别有热情，但是学习成绩一般的同学，我们也要给予鼓励，保护学生的进取心。对于成绩不能名列前茅的班干部，一定要和科任老师对接好，在不经意中给予更多的学习“小灶”，比如上课多提问题，下课关注作业，等等。

（三）人格有对应

有一本书专门提到了一种人格分析，叫“九型人格分析”，因为他主要是分析儿童时期的对象性格特征，九大人格分析的表述比较对应我们选拔班干部岗位职责，所有，也有班主任建议用网络上的常规人格分析表来对学生做一个基本班干部潜力测试，这种好处是可以让没有做过班干部的同学也能够有信心主动尝试。

（四）特殊才能特殊对待

也可以根据学生在日常的班级活动表现出来的一些特定的能力来量身定做一些岗位，比如学校重大节日，需要班级参加的，这个时候，担任文艺委员的同学要参与和组织表演活动。比如说对自己的卫生比较关注，对自己物品的整理比较有序的同学，可以建议让他尝试担任劳动委员，毕竟一个人的个人环境好也害怕整个班级环境糟糕。在学习上自律同时又有责任心的，还能有一定的同学威信的，可以建议做班长等。对电脑特别在行，可以尝试让他做电教委员甚至做班级安全委员会工作。

Q1：班长是男生好还是女生好

在面对班长人选，到底是男生好还是女生好的时候，我们建议同等条件下优先考虑女生，因为高中阶段，女生比男生在管理上更有优势，女生敢管，男生一般都会在女班干部面前表现出“绅士风度”，高中阶段的男生一方面有一些自己的男生气概产生，能够对一些管理上的约束“一笑了之”，不会和女班长产生冲突，另外，女生的责任心比绝大部分的男孩子要强。但是如果班内缺少有魄力的女生，我们还是倾向于选择一个强力的男生班长。当然强力不是指破坏，而是指执行力。

Q2：一开始就要配齐全部的班干部吗？

在班干部职位的确定方面，我们倾向于先确定班长，至少班级运行初期很多事务性的东西可以有人协助，同时也可以让班长候选人在正式班委成立之前铺垫一些人气，也可以按照观察确定哪些同学合适做其他班委。同时，依照个人的经验，我更喜欢一人身兼几职的，因为有些班干部在实际的班级管理中容易产生一种无事可做的感觉，会慢慢淡化自己班干部的身份，身兼几职，可以有效地激发学生的干事热情。

二、选拔造势和方式

（一）营造竞选的氛围

正如前文所说的那样，高中阶段，愿意主动做班干部的学生不是很多，尤其是在非起始年级，所以，在正式做班级干部选拔之前，在做班干部竞选动员的时候，一定要营造一定的竞选氛围，不能让学生觉得做班干部就是做班主任影子和专门打小报告的人，你可以给学生说一说以前你的班干部现在都如何的辉煌，高中阶段的班干部经历让他们以后在人生道路上取得了什么样的帮助，不论如何，目的只有一个：让现在的学生知道做班干部的积极效果是怎样的。

（二）不同选拔方式的优劣点

班干部的选拔方式主要有两种：公开竞选和直接任命。

公开竞选的班干部的优势是做事更积极主动，也更有心理优势。但是也容易出现为了做班干部而做班干部的“投机分子”，以及班主任不熟悉而出现班级管理过程中班主任和班干部不一致的现象。

直接任命的班干部的优势是能力经过考察，做事会更客观公正。但是容易让同学们产生抵触感，认为班干部就是班主任的眼线。

我个人的建议是：在选举班干部的时候，要做到公开竞选和直接任命相结合。

班干部选举出来之后，一定要举行一个隆重的任职仪式，最好能有类似聘书的颁发。

新班委选举“遇冷”如是说

深圳第二外国语学校　李　骄

随着新高考改革的推进，传统固定班级形式已无法满足现在教育教学发展的需求，“走班制”的班级管理模式实施形式更灵活、更能满足分层分类教学多元需求。在全面实施“走班制”教学之后，学生生活场所扩大，班级管理方面也变得复杂，传统班级管理方式已经很难适应“走班制”的班级管理。“走班制”在班级管理方面将面临更多的挑战，需要我们班主任在班级管理的实践中积极探索、主动应对。

新学期伊始，我迎来了新高考改革下选课走班教学的第一批高二学生，我接手的是物理化学班，男生35人，女生15人。其中地理走班26人，生物走班24人。

按照之前的设想，我本以为男生多的班级气氛会比较活跃，班委选举肯定会积极踊跃，就像他们高一刚进学校时，都争着抢着当班委，最后还需要发表竞选演讲，投票选举来决定——去年班委选举争先恐后的“热闹”场景不禁历历在目。

于是我提前没有做任何的“走访”和“调查”，自信满满地告诉了学生班委选举的时间。

那是一个骄阳似火的下午，我提前几分钟到班级，在黑板上郑重其事地写上大标题——“高二X班班委选举”，以下依次是班委的名称“班长”“副班长”“团支书”“学习委员”……“安全&电教委员”，在每个班委后面都空开位置，以便他们在竞选前把自己的名字先写上去，也方便介绍自己。

班委选举开始了，按照我之前设定的流程，先选举班长，再选举副班长，然后是团支书，学习委员……最后是安全&电教委员。

一个简短的开场白后，我带着微笑，说愿意担任班长的同学请上台来，在黑板上写下你的名字。台下没有响应。我望下去，五十双眼睛，有低头看向桌面的，有与我对视的，有躲闪我目光的，有两眼无光放空的……我猜大概是分班之后大家彼此不熟，不好意思上台来竞选，于是继续保持微笑，说愿意担任班长的同学，可以大胆一些，上台来介绍一下自己。这句话说完之后，教室里更安静了。没有人看我，能感觉到各位的眼神在互相打量、交流、躲闪。五分钟过去了。我尴尬而不失礼貌的继续保持微笑，终于没忍住，说了一句现在想来最不合时宜的话——“如果班长和副班长选举不出来的话，后面的其他班委也没有办法选举了啊。”教室仍然没有响应。我默默地从讲台上走下来，立在一旁，看向教室。五分钟又过去了。我的后背微微冒出冷汗。

正当我无计可施，不知该如何“收场”的时候，教室里冒出一句女声“老师，可不可以不按照你写的顺序选举？”我几乎没有任何犹豫，说当然可以啊。没想到就这么一问，不仅帮我解了围，也打破了选举班长十分钟无果的局面，真是“破冰”一问啊，我心想。原来这个女生愿意担任“劳动委员”一职，在之前班级也担任过，觉得自己有能力可以做好，她上台来写上自己的名字，做了简单的自我介绍，走回座位。自此，一度尴尬的场面才被打破，后面陆续有同学上来愿意担任其他班委，班长和副班长也有同学主动请缨，只是没有两个或者以上的同学竞选，其中又遇到了如“纪律委员”无人选举的冷场，我也灵活地选择了“点兵点将”的方式，同时结合了年级提供的分班优秀学生推荐名单，最终“磕磕绊绊”的确定了所有班委，当下课铃声响起时，才发现，我后背的衣服已经湿透。

不堪回首，虽然过去了快一个月，现在想来，仍然觉得那节课“惨烈”无比。套用一句当下流行的用语，我当时真是“太难了”。可是，过后再想，为何而“难”？“难”在何处？“难”过之后呢？

倘若没有“难”定思“难”，今后定会继续遇到这类“难题”。

首先，学生不积极参选怎么办？在回答这个问题之前，先要弄明白，学生为什么不愿意参选班干部。对此，班主任要一一对症下药，打开学生的心结，改变学生对参选班干部的消极情绪，调动他们的积极性和参选热情。我的具体做法是，在组建新班级后，要在最快的时间，最好是开学第一周，让所有同学在班级自我介绍（每人两分钟左右），彼此有初步印象，自己也可以从中初步了解学生，物色班委人选；

其次，学生不积极参选的内因是什么？由于有的学生深受题海战术的伤害，认为当班干部会对学习产生不好的影响，没有意识到全面发展的重要性。对此，班主任应给予他们切实的指导，打消他们的顾虑，提供一些正确处理工作和学习的案例给他们去参考模仿。比如说往届学生的成功案例，他们是如何处理工作和学习的关系，并且取得了巨大的进步的。也可以让师兄师姐现身说法，呈现他们从班干部生涯中所得到的能力，引导学生打开思路，开阔心胸。

有的学生对自己的能力不敢肯定，不敢在人前亮相，也不敢挑战自己，也有可能是他们在组织、协调等能力方面确实有欠缺。这时，老师的指引作用就特别重要，更需要鼓励学生大胆自信，敢于尝试。要给学生传递“明知山有虎，偏向虎山行”的理念，让学生明白，缺乏自信就更应该去挑战自己。面对压力的能力，与人交往的能力，善于表达自我的能力，这些能力仅仅依靠课堂显然是难以获得的，必须积极参与班级建设和各种活动才能够逐渐养成。

再次，学生不积极参选具体该怎么应对？班级的整体氛围对学生影响很大，当大家都不愿意去当班干部的时候，如果这时有人挺身而出，极有可能会成为大家嘲讽、侧目的对象，随波逐流就成为大部分同学的选择。此时班主任除了要在班级做公开的指引之外，还应该私底下去找一些自己认为比较适合担任班干部的同学，鼓励他们勇敢挑战自我，或者在年级提供的分班优秀学生推荐名单的基础上，找这些学生单独谈话，了解他们的意愿和想法，在班委选举时心里就会有底；如果还是不好意思参加竞选，可以采用“他荐”的形式，让学生互相推荐，从第一个人说到最后一个人，看谁的呼声最高。

这就需要班主任在班级组建之初，就要提前建立学生个人信息档案，除了让学生填写基本信息外，可以加两栏，之前担任班级职务，新班级班委职务意向，大致了解学生担任班委的动态；如果时间允许，可以通过家长群在竞选前来一次竞选总动员：告诉家长“孩子做班干部的好处”，比如做了班干部孩子就会更加严格地要求自己，以身作则；会培养孩子的领导力、组织力、人际沟通能力、时间协调能力……让家长明白，新时代需要的不是知识的搬运工，而需要真正有核心竞争力的人才。

最后，在做完了上述的准备工作后，就可以开始班委选举了吗？我想当然不是，还要制作planB，如果遇到冷场要怎么办？如果遇到过于“火爆”的局面，如好几个同学竞选一个职位又怎么办？如果遇到要竞选的那个同学其实并不靠谱，不适合做班委，但是他又积极主动又怎么办？如果有一些学生天生内敛，确实不适合担任班干，是否要以一颗平常心来尊重他们的选择，让他们安心走自己的路呢？

…………

还有很多类似的难题亟待解决。

赫尔巴特说：“如果不坚强而温和地抓住管理的缰绳，任何功课的教育都是不可能的”，说出了班级管理工作的重要性，而班委就是这个管理体系中的骨干和支撑点，作为班主任，需要做的是“先班委选举之忧而忧”。班级要实行科学化、民主化管理，首先就要树立以人为中心的管理思想，注意挖掘和调动学生各方面的积极性、主动性和创造性，充分发挥他们自我管理、自我服务、自我教育的作用。因此，要摒弃那种“管、卡、压”和“一包到底”的保姆式管理方法，突破那种使学生畏惧的家长式的管理模式，就必须建立起以学生为主体科学合理的班级管理体系和模式。

是为：班委选举“遇冷”如是说，以待后续。

起始班级的班干部建设

深圳第二外国语学校　于程远

班干部是班级的核心力量，核心力量强，班级便强。班级建立伊始，学生之间不认识，师生之间也不熟悉，如何筛选考察班干部，将班干部凝聚成一个整体，并建立一套行之有效的班级制度，便成为班主任面对的棘手问题，这个问题解决的好，对班级管理和建设将有极大的帮助。

在此笔者介绍了一些可行的方法，可以帮助新班主任快速建立一支可靠的班干部队伍。同时讲述几个事例，将我真实的经历和经验展示给读者以供参考。

一、察言观色，听言观行

魏武帝将见匈奴使，自以形陋，不足雄远国，使崔季圭代，帝自捉刀立床头。既毕，令间谍问曰："魏王何如？"匈奴使答曰："魏王雅望非常，然床头捉刀人，此乃英雄也。"

《无常经》有言"有心无相，相由心生；有相无心，相由心灭"。一个人心里所思，在面貌气质上定会有所展现，即使刻意掩藏，也是难以不被发现的，心里没有的事情，外在假装有也是装不像的。

作为起始班级的班主任，我喜欢首先观察每一个学生的容貌气质，得到一个最初的直观印象。观察学生身形，充满活力者佳；留意眼睛的神采，眼睛有神，目光坚毅者佳；观察学生的举手投足，稳重审慎者佳。留意学生课间的聊天交往情况，可以得到学生的兴趣爱好以及语言表达能力等重要信息，和同学相处融洽者佳；不沉溺游戏者佳；有体育爱好者佳；律人者必先律己。

作为班干部需要有较高的自制能力，可以观察早晨最开始一两节课学生的坐姿和精神状态，留心学生的作业情况，得到相关讯息，课堂坐姿不佳、作业不认真的行为暗示学生的自制力差，难以律己律人，不适合做班干部。班主任察言观色，听言观行，这样见微知著，三五天内就可以给学生一个初步的角色定位，结合学生入学成绩，便可以筛选出临时班干队伍。

二、临时班委与值日班长制度

起始班级师生间彼此不熟悉，又需要处理大量的班级日常事务，班主任可以根据方法一，挑选一些有潜力的学生做临时班干部和值日班长。临时班干部负责具体事务，值日班长负责当天的总体事务安排和自习纪律，通过临时班干部和值日班长的方法培养考察。考察期过，可以由班主任指定上岗也可以班级竞选上岗。建立这样的制度，可以形成一种班干部任命的容错机制，可以纠正错误任命，将有能力的班干部筛选出来。

个案展示1

L身形瘦瘦的，眼睛不大，目光却很有神气，高一军训时他话不多，表现普通，不是标兵也没有获得任何荣誉称号。开学后的升旗仪式以及课间操，有的同学们慢慢放弃了军训的训练成果，站得懒散，因为热，有的学生甚至会撩起衣服扇风，做操时身体都像打结的面条。

L当时给我留下深刻印象，他总是站得笔直，后背衣服湿透，汗水顺着脸颊流下来，也岿然不动，我认为L是非常有毅力有自制力的。同时我发现L和同学相处很融洽，做值日很认真负责，我感觉他是优秀的班干部人选，唯一有些不足的是L可能有些腼腆害羞，我想这也可能是性格内敛的表现。

总之我首先委任L做临时纪律委员、值日班长，并担任物理课代表，这样给他机会，慢慢磨砺他。

许多个六点多钟的清晨，我都能看到L从宿舍从食堂奔跑着到教室。一天早晨雨后，L奔跑时在篮球场上滑倒了，我在他身后，赶紧上前查看，没想到他一下子又跃起来，向前奔腾而去，像“追风少年”一般。后来我问他是不是很喜欢跑步，L笑着说跑是因为可以节约时间，同时还能锻炼身体，一举两得！

L这样努力，成绩在班级里很快就凸显出来，他的理科尤其优秀，同学们都喜欢和他讨论问题。L也变得活泼，更有自信心了。L组织班会课或者班级活动，开始还有点怯场，后来便张弛有度，很有政治家的风度了。开学两个月后，正式班干部竞选，我鼓动L竞选，结果他得票最高，做了班级的男班长。在接下来的两年多里，L将班级管理工作做得非常棒，成绩也不断进步，最终被重点大学的优势专业录取！

个案剖析：

L自制力很强，性格上内敛，有些腼腆，从某些方面看甚至有种率真的可爱。开始看不出L的优秀，时间稍长，宝藏男孩的潜质便暴露出来，只需要合适的引导和培养，他便会发光发热。

L开始缺少自信，班级话语权也少，他从临时班干部做起，在活动中不断增加经验，得到同学们的认可，最终凭实力逐步获得了班级话语权，成为班长。这个过程对L的性格发展也是很有意义的，我想L的班长职务对他的学习成绩产生了很强的推动作用。

三、德才兼备，以德为先

选择班干部，重要指标是德行和成绩。德行好思想正，可以为同学做好的表率；成绩好，班干部会更有自信心参与建设班级，在班级里也有更高的威望和发言权。

学生的成绩和品德成为选择班干部的两个重要参考指标。德才兼备的班干部是最好的，如若不能两者兼备，要以德为先。成绩好但德不配位的学生做班干部，在言谈举止方面很难起到好的榜样作用，甚至可能会教唆部分学生和班主任对立，最终对班级建设产生极大的负面效果。普通班里经常有成绩在班级排名靠前，但是自律能力差，甚至德行有污点的学生，这个时候班主任需要擦亮双眼，不能被成绩蒙蔽，选择班干部一定以德为先！

个案展示2

高二时文理分科，班级重新分配，新的班级事情也比较多，Z同学坐在前排，性格比较外向，说话爽朗，课堂回答问题很积极，作为班主任我说的事情，Z同学也很主动去做。观察到这些情况，我认为Z是合适做班干部的，想让她做学习委员或者是团支部书记。一次课间，我和Z讲，想让她做班级里的一个重要的班委，让她考虑一下。

过了半天，Z来到办公室说“老师，我考虑清楚了，我愿意做班长。”虽然我觉得班长需要慎重选择，但是Z主动请缨，我想她可能真的是班长的合适人选，于是答应她，委任她做了班长。

时间稍长，我发现Z有不少问题，晚修时话多，早读晚修经常迟到。生活老师又和我讲宿舍里她虽是舍长，只安排别人做值日生，她自己并不做值日，她的宿舍也是最差的女生宿舍。

我感到问题有些严重，私下找Z说明她的问题，Z却为自己的行为辩解，没有认识到自己的问题。这时我感到Z并不是班长的合格人选，但Z仍对做班长有很大的热情，她为此甚至拒绝了转去重点班的机会。我感到有些棘手，想更换班长，又怕伤害Z敏感的自尊心，两难之下，我暂时维持现状。

随着相处时间增多，同学们彼此更加了解，于是不少同学发现Z的缺点，这导致Z作为班长的威信不断下降，学习成绩也受到影响。两个月后，我发现Z对班级事务没有之前那么热心了，于是我找Z谈话，了解她的思想动向。Z和我讲班长确实不好当，想换个岗位，我于是提议在班里重新竞选班干部，Z非常高兴地说同意，说自己想竞选学习委员。

于是月考后的班会课上，我和学生们讲之前大家不熟悉，我临时指定了班干部，现在大家彼此熟悉了，大家可以投票选举班干部。最终Z得票数在班上排第六，成为学习委员。

Z学习是很主动的，喜欢和老师课间讨论问题，做学习委员很是合适。新班长雷厉风行，以身作则，Z观察新班长的行事风格，对比之下，也发现了自己之前的问题，能够做到早睡早起不迟到，值日也能认真做了。我想这对Z和班级都是一个皆大欢喜的结局，作为班主任也收获良多。

个案剖析：

班级创建伊始，每个人都想给老师和同学留个好的第一印象，所以开始几天难免会掩藏自己的缺点，这时筛选出的班干部就可能不合适。在大家不熟悉的时候可以用临时班干部和值日班长制度进行过渡。

筛选班干部需要考察学生课上和课下的不同时间段的表现，也要考察教室里和宿舍里不同空间的表现，总之是需要一定考察时间。

班干部需要以身作则，为他人树榜样，行为懒散、课堂自制力差、值日不积极的学生不适合担任重要班干部。

四、大胆放手，方法引领

（一）学生的班会课，班主任的小会议

班主任非常重视班会课，想利用班会课强调班级的纪律，狠抓学习的问题，批评早恋现象，要用班会课建立完善班级规章制度，还要进行思想德育工作，等等。班会课上班主任的说教太多，很容易使学生产生抵触情绪，也不会达到好的教育效果。

起始班级的班会课，班主任不妨少讲，把班会课交给班干部。每次班会课班主任定个主题，然后交给一到两个班干部来设计主持，班主任在后面给班干部提要求、讲方法。这样的班会课，可以考察锻炼班干部，也可以使全体同学更快地认识了解班干部，还可以增加班干部的责任心和自信心，更可以将班干部团结在班主任周围。

在将大多数班会课交给班干部之外，班主任可以召开小型班会课，譬如课代表会议、班干部会议、团支部会议、班级前十名会议、运动会筹备委员会会议等等。开小会议，一起筹划事情或活动，可以有效加深与会人员的团结度，可以建立共同的班级愿景，也可以使与会的学生提高对班主任的认可度。班主任团结了班级里的班干部，团结了班级里优秀的学生，那班主任便主导了班级的风向！

（二）匿名问卷调查和班级公约

匿名问卷调查可以让班主任及时掌控班级思想动向，发现班级问题，也可以促使学生主动思考班级需要改进的方向和方法，使每个学生都能在班风建设中有参与感和获得感。

班级公约可以明确班级管理的细节，树立正确的班级愿景，纠正不良的风气，提升班级的友好氛围。班级公约应该是班干部提出并设计，全班同学谈论后投票通过的。班主任只需要引导公约的大概框架就可以，不能亲自操刀制定。

个案展示3

起始班级，有了班干部队伍，就可以借助班干部队伍抓班风班纪。在班干部小会议上，我提出了首要任务是建立班级公约，制定奖惩措施。班干部讨论后，决定首先通过网络在全班同学内部进行问卷调查，调查重点是班级目前的问题有哪些，可以有哪些改进措施等。

翻看调查结果，我发现大多数同学提出了晚修纪律需要提高，宿舍睡眠需要保证等正面的建议。但是也有同学写下了负面的或者情绪化的想法——希望更换所有理科教师；希望过完这一学年重新分班；宿舍里要气炸了，希望一个人待着等。

看到结果，我微信上和几个班委沟通，要求班委就调查内容准备好周一的班会课，X主持。在班会课上，X首先向同学们展示了问卷中的班级问题和建议，针对负面的情绪化的想法，X分析了这些想法产生的原因和不合理的理由。全体学生听得都非常认真，有点头同意的，有鼓掌欢迎的，也有说建议太荒唐的，好像每个学生都在全身心的参与着，真的把自己当成了班级的主人公。班会课最终达成班级共识——班级并不完美，需要大家改善；班风班纪、宿舍环境很重要，急切需要一套公正且合适的班级公约。

后来班长晚修时展示了一份班级公约草案，大家谈论修改，最后投票通过。有了班级公约后，晚修、宿舍纪律等方面都有了极大的改善，班委会每半个月或者一个月，做一次总结，针对违反班级公约的同学进行批评和相应惩罚，针对做得好的事情或同学，提出表扬。我这个年轻班主任感到从班级管理的繁杂中解脱出来，有种要退休的幸福！

个案剖析：

匿名问卷调查可以让学生重新审视班级的问题，使学生自发的产生改善班级风气，建立班级公约的需求，同时也可以暴露出少数学生负面的想法。针对不成熟的想法，由班干部这样的同龄人进行说教，效果是远远好于班主任的说教的。

五、做人的大格局和换位思考的能力

看待同一个事情有不同的高度，如果能够从高处着眼，便不容易犯方向性的错误，做人也不会走入极端，这是做人的大格局。看待同一件事情也有不同的角度，如果能从他人的角度看问题，有利于发现各方面的难处和问题，不容易落入太自我的境地，有利于问题的解决，这是换位思考的能力。筛选和培养班干部，要重视格局和换位思考能力的考察。

个案展示4

高二新分班，最开始安排的班长不合适，我陷入苦闷的思索，心里着急新的班长人选。这时一次突发事件让我重新认识了值日班长B同学，眼前为之一亮。

高二学生需要乘坐校外大巴车到附近医院体检，医院附近道路狭窄，停车不便，因此我提前强调我们班体检开始前大家可以买点吃的，但是不能走远，体检结束后，不要四处走动，立马车站集合。但体检结束后仍有学生因为买吃的耽搁了时间，导致大巴车停在路边等待三四分钟，不能即停即走。

大巴车司机让所有人坐好，系上安全带，我和两个班干部站着数人数，没有坐下。司机便火爆的呵斥我："都站着，乱哄哄地叫，老师是怎么当的？"

还没等我搭话，我的学生便维护我，冲司机嚷了起来——有解释老师是在清点人数所以站着的，有反问司机我们哪里乱哄哄叫的了，有说司机管的宽，连老师都要一起管着的——我眼看司机脸上的火气就要燃起来，便立马止住学生们的起哄，校车安静了，司机也隐忍着不好发作。这时B站起来道："老师，我看到没到的那几个在那边，我去把他们叫回来。"不一会B便带着他们三个飞奔上车，我看司机脸色舒缓了一些，心里感到B站出来的正是时候。

回到学校，我问B"刚刚司机骂老师，你怎么看？"

B答："司机肯定是怕被罚钱，因为车停在公交站旁边，路又窄，心里着急，不好骂学生，只能骂班主任了，老师你不要介意啊。"我内心赞许B的敏锐，能够看到问题的本质，所以才有了下车叫人的行动。

"你是怎么和他们仨说的，让他们跟着你百米冲刺回来？"

"我和他们说大家都在等你们仨，你们不要为了吃这口饭就错过大巴车，再晚司机怕是要动手揍老鱼头了！"（我姓于，班级微信群叫渔头的鱼塘，我的外号也就成了老鱼头）

我哈哈大笑，B也乐了。

下午我临时加了一节班会课，主题是"做人的格局和做事的换位思考能力"，我首先让学生思考这几个问题——这次外出，同学们最想做的事是什么？班主任最重视的事是什么？学生七嘴八舌，说学生想体检还想趁机点外卖，老师想学生完成体检，安全返回。我说大家很厉害，很有大局观。

我问"为何年级组长讲外出不准吃外面的东西，我出发前却说可以提前买点吃的，但是体检结束后不能再去？"我等待一会，自问自答：因为我知道你们所想，也知道你们不少人肯定会偷偷去买，为了不耽搁时间，才强调结束后不准去的。我理解你们的想法，你们却不能理解老师，几个同学最后迟到，这是你们换位思考能力的缺失。

我又说“今天司机骂了老师，我很感谢为我出头辩解的同学，但是司机为何要骂我？”我等待一会将B同学的说法讲了一遍，并说：“当时辩解的同学并不能解决问题，甚至可能引发更大的矛盾，只有B发现问题的原因并成功解决了问题，这说明B有换位思考的能力，我想肯定也有其他同学看到他们仨在哪里，但是并没想到在司机生气的时候去叫他们回来。”同学们沉思着点点头，对B投去赞许的目光。

这节班会课后，我和同学们好像重新认识了B，我鼓励B更积极参与班级事务，竞选班长。B成为班长后，为班级提出不少合理的改进措施，在自习课上也能够主动发声，维持班级纪律。有学生和我讲B是恩威并施的班长，发威的时候比班主任还恐怖！B虽然很多时候严厉，却深受同学喜欢，在年末的三好学生评选中他得票率最高，正说明了这一点。我很庆幸能够通过一次小事发现了B。

个案剖析：

突发事件的处置很容易看出一个人的能力，班主任可以利用这种突发的机会观察学生，发现学生潜在的优点。班主任也需要理解学生的小心思，能够从学生的角度看待事情，发现其中隐藏的问题，最好能够提前做好预防措施。

班主任要充分利用学生亲身经历的事情进行教育，事件发生后，及时召开班会课总结经验，做好点评，这样可以起到非常好的德育效果。

以上便是我的一点经验和经历，希望读者读后有所收获。班主任进行班级管理，事物繁多，非常需要班干部队伍的协助。班干部队伍的建设需要班主任能够发现学生的闪光点，并在班干部接受历练的时候充分信任他们。

我的班干部并不是完美的，但是我仍然清醒地知道，有他们的存在，我的班级可以变得更好！

新班级建设之班干部团队建设与管理

深圳第二外国语学校　王文伟
深圳市平湖外国语学校　姚锦芳

班委是班集体的核心和中坚力量，是协助班主任开展班级工作的得力助手，对优良班风、学风的形成起着关键作用。班委建设的成功与否直接影响了一个班级的管理能否高效，能否自主管理。

对于一个新班级，要尽快落实班干部团队，让班级的管理及时走上正轨。所以每当接手一个新班级的时候，我们就应该立即着手新的班干部团队建设。

一、做足前期准备工作

1. 收集学生信息，掌握学生基本情况

（1）在开学前或者开学初，采用问卷或者电子表格的形式，调查学生的基本情况（如图1、2所示），在学生填写前，动员学生把最真实的情况反映出来。

××学校×年级×班学生基本信息采集						班主任：×××		仅班主任可见	
序号	姓名	生日	个人电话	兴趣爱好（特长）	曾担任班级职务	家庭住址	是否团员	是否独生子女	是否单亲

图1

开学前基本情况调查表（仅班主任可见）					
姓名	原班级	在原班级担任什么班干部？（课代表也要填）（可填多个）（如果没有填否）	期待在新班级担任什么班干部？	暑假过得如何？	对待新班级有何期待

图2

（2）获取学生提交的数据后，进行归纳整理，对学生的基本情况就有了大致的了解，学生对待新班级班干部建设的态度也显而易见，班主任对接下来的班级班干部选举活动会更加主动，根据学生所呈现出来的态度，采取不同的方式方法。

2. 做好学生思想动员

（1）班主任宣布班干部选举的时间、地点、方式方法、理念。首先班主任提出自己的想法——民主选举，并阐释这样做的目的和意义。一是民主选举可以选出更多心甘情愿为班级付出的同学，他们会更加主动参与班级事务的管理；二是民主选举是大家投票选出合适的人选，大家自己选出的班干部会更加愿意配合。然后班主任要动员学生为什么要当班干部，于公是因为优秀班集体的建设离不开优秀班干部团队的合作，于私是因为担任班干部可以锻炼个人的能力，现在的社会需要的是全面发展的人才。最后提醒大家提前准备竞选演说。

（2）从获取的学生提交的数据整理结果，加上开学初期的观察，与学生的交谈，班主任心中应该会有一些重要岗位的合适的意向人选。此时，班主任要找这些学生私下进行交流，在聊到班干部建设时，可以先听听学生的想法，再动员该生在班干部选举中能主动站出来竞选，提前准备竞选演说。这样做的目的是可以推动竞选活动有序发展，到时不至于冷场。

二、班干部民主选举

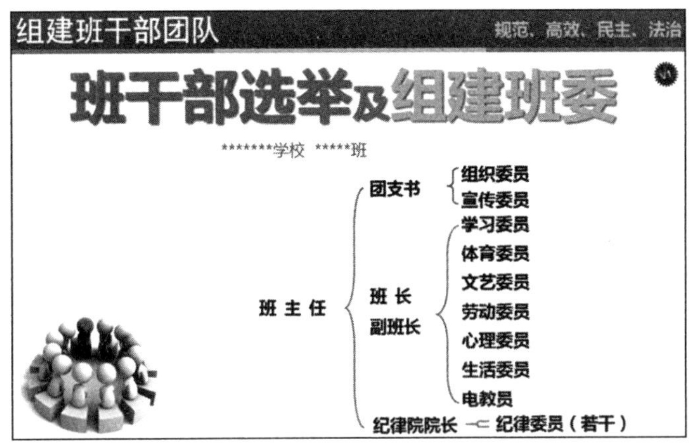

图3

1. 选举规程

（1）此次选举各班将产生班委会、团支部、纪律院三套组织机构。班委会一般由8—9人组成，有班长、学习委员、生活委员、体育委员、文艺委员、心理委员、电教员等。团支部一般由3人组成，有团支部书记、组织委员、宣传委员。纪律院一般由若干名纪律委员组成。

（2）班委会主要承担：班级日常的管理工作，包括组织班级开展学习方面讨论、交流；组织卫生大扫除；开展班级文艺、体育活动；配合班主任维护班级日常的学习、生活秩序；解决同学们在校期间的各种困难等。

团支部主要承担：组织班级团员、青年开展各种健康、活泼、向上的课外活动；加强班级团员、青年的思想教育；加强团的队伍建设；向团组织推优等。

纪律院主要承担：班级公约的制定，主要是带领全班同学一起协商拟定；道德银行的实施；上课、晚自习的纪律维持等。

（3）选举工作将遵循"公开、公平、公正、竞争" 的原则，采取自荐推荐相结合的办法，竞选者主动上台在黑板上相应的职位填上自己的名字，并且在全班同学面前发表竞选演说，选举将采取无记名投票的方式确定正式人选。"公开"即向全班同学公开条件，公开岗位，人人都有权利参加选举。"公平"即本着合理、求实的精神，符合竞选条件的同学要凭借自己的实力，平等地参与竞选。“公正”即按照选举的要求，尊重大多数同学的选择。

2. 现场选举

（1）班主任宣布竞选开始，鼓励学生主动上台发表竞职演说。通常这个时候想竞选班长的同学会第一个上台演讲，班主任适当的推动竞选的氛围，营造一个活跃的竞选现场。在整个竞选的过程中，班主任的引导很重要，要防止冷场，及时鼓励大家上台参与，不论是有准备的演说还是即兴发挥，可以自荐也可以他荐。

图4

（2）当大家演说结束后，让大家不记名投票，并且现场唱票，当场公布结果。

3. 班干部团队正式成立

在班干部团队名单公示期过后，让每个班干部进行简短的就职演说，并且班主任为他们颁发班干部聘书，宣布新班级干部团队正式成立。

三、班干部团队管理

1. 新班干部团队的试用期和任期

为班干部团队设置1个月的试用考核期，在月末举行班干部考核大会，以公开和匿名相结合的方式进行自评和他评。最后大家举手表决是否通过考核。通过考核的班干部享有1个学期的任期。

2. 新班干部的培训

（1）明确班干部责任意识，并把责任和义务落实到个人，权力和约束相辅相成。班干部要有服务大家的意识和奉献的精神，为班级的发展建言献策，与班级乱象做斗争。

（2）在班干部团队组建初期，班主任要召集班干部团队进行多次培训，让他们知道要做什么，怎么做好等问题。班长每周要向班主任进行常规汇报，如有突发情况要及时上报，同时每周要召集主要班干部开简短会议，及时调整班级的状态。学习委员每两周要召集课代表商讨作业问题，并反馈给相应的科任教师。劳动委员每两周要召集卫生小组长和生活委员商讨班级宿舍卫生情况，并做出一定的策略调整。纪律委员每天要登记迟到、早退、晚自习纪律状况，并依据班级公约进行奖惩。

3. 班干部的撤换

（1）为了顺利进行班干部的撤换，在组建班干部团队之前就需要制定班干部调岗和撤换的机制，并由大家投票表决通过。在班长的带领下，班干部要进行自查，也要接受班级同学的监督，如果有做得不到位的地方要及时改正。若是无法胜任这个职位，则需要进行撤换。

（2）如果学生很想为大家服务，只是某些方面能力不足，可以优先考虑调岗。若是无法胜任而且没有继续服务大家的意识，就需要进行撤换。在撤换班干部之前，一定要做好该生的思想工作，尽可能的保护学生的自尊心。然后让同学们自荐或者他荐，也可以由老师举荐，最后全班投票表决。

（3）在一个学期的任期结束后，由班长带头对上个学期的班干部工作进行总结。然后重新开始新一轮的班干部竞选。对于条件不够的班级，也可以采用对于愿意继续担任班干部且无竞选对手的情况不做变动，出现以下情况则以投票的方式重新选举相应职务：因原有班干部不愿继续任职导致的职务空缺、超过一人参选某一职务。

四、结束语

班干部团队的建设与管理是班级管理的一个缩影，把班干部团队建设好、管理好，对优秀班集体的形成具有积极的作用。同时有效的班干部管理对策的实施，能为班级构建良性的人力资源竞争环境，提高人力资源效率和提高班级效能与竞争力做出贡献。

参考文献

［1］张丽. 初中班干部管理研究［D］. 淮北师范大学. 2016年.
［2］刘国瑞. 普通高中班干部队伍建设存在的问题与对策［D］. 鲁东大学. 2015年.
［3］陆建新. 普通中学学生班干部管理的实践与思考［D］. 苏州大学. 2007年.

班干部选拔及班规制定的策略

深圳第二外国语学校　任立勇

好的开始就是成功的一半。班级管理就应该从起始年级抓起，从开学第一天抓。新班级一旦建立，要想以后的班主任工作变得轻松，前面一个月就显得尤为重要。作为新高一班主任，就应该落实常规工作，狠抓学生常规管理，规范学生行为习惯，帮助学生树立理想，建立学习目标，制定学习计划，培养学生自信心，激发学习热情。

对于一个新班级，怎么选出班干部？班规怎么制定？就显得尤为重要，下面主要从以下两个方面来说明：

一、怎么选出班干部

班干部是班主任的助手，这个助手怎么样，直接影响到以后班级的各个方面。具备怎样品质的学生适合做班干部呢？积极向上、正直、责任感强，都是班干部最基本的品质，具备良好的组织能力，执行力强是班干部最基本的要求。那么新高一新初一，怎么选出得力的班干部？

1. 提前了解学生

对于一个新班级，摸清每个学生的情况是进行班干部选拔基本的前提。随着时代的发展，网络让家校的沟通变得越来越便捷。学生还没来学校，班级微信群、家长微信群等都早已建立，那我们就可以充分利用这一资源。例如：给所有的学生布置一个任务，写一个简要的自我介绍，主要包括：姓名、中考分数、毕业学校、有何特长、曾任何职务。通过这样的小调查，就对班级学生情况有所了解了，重点关注曾经做过班干部的同学，后面进一步了解。当然自我介绍都是学生的过去，可以作为重要的参考，但不能局限于此。

2. 在军训中了解学生

基本上高一初一都有军训，军训一方面是磨炼学生的意志，另一方面是给班主任机会去了解学生，作为班主任，这个时候就要善于观察，发现哪些学生表现比较优秀，哪些学生号召力比较强，能够帮助同学，例如：每次集合都能提前到达，并能带动整个宿舍不迟到，训练中对自己要求比较高等。在军训休息的时候多找学生聊天，了解他们的想法，发现班干部苗子，适当的布置一些任务给他们，考察一下能力，任务完成得比较好，可以鼓励参加竞选。

3. 组建临时班委

在班级组建初期，临时班委的作用不言而喻，通过前面的了解与谈话，班干部人选已经基本形成，这时可以综合采用自荐和委派两种模式组建临时班委，一般不超过半个月，在这半个月里，一方面可以进一步了解临时班委，另一方面也可以了解其他同学。这个时期，班主任需要多观察，从班级日常活动中发现班干部苗子，并鼓励竞选班干部。

4. 选出班干部

经过前期的准备，班主任对班级情况也比较了解，班干部的人选也心中有数了，那么就开始组织竞选班干部，由于前期的准备，班干部竞选肯定会有很多人报名，这个时候也需要策略，例如班长的选择，可以将正副班长放在一起竞选，例如取票数前三名，一正两副，正班长应该由班主任从中择优选任，既有民主，又有指派，这种方式就显得比较合理。其他班干部也是一样，尤其是卫生委员、纪律委员的选择。

二、班规怎么制定

无规矩不成方圆，新高一初一也是一样。一个好的班规，可以有效地约束学生，让他们形成遵守纪律的习惯，是保证学生学习、克服不良习惯、形成良好班风的保障。班主任在制定班规的时候，应该考虑以下几点：

1. 学校校规的要求

任何一条班规都不能与校纪校规相违背，这是制定班规的底线。

2. 班级学生的特点

班主任通过开学半个月对学生和班级日常管理的了解，可以发现学生在哪些地方做得比较好，哪些地方做得还不够，对于没做好的地方在班规里应该着重体现。

3. 班级目标

班级目标是整个班级的梦想，不同班级，班级目标都不一样，对于学习成绩较好的班级，班规的重要目的就是要鼓励学习，一切为学习服务。对于行为习惯不佳的班级，班规的重要目的就是约束学生不违纪，引导学生热爱学习。

在熟悉校纪校规的基础上，班主任可以根据班级实际情况，给出一个班规的大致框架，即班规初稿，班规不是空洞的口号，应有一定的原则和明确的目的，条文通俗易懂，针对日常出现的问题，规范学生的日常行为。然后发挥民主，让班干部认真分析班规初稿，结合自己的班级角色，适当修改，然后班干部集中讨论班规细则，形成班规的再稿。最后利用班会课全班集体讨论，形成正式班规。让全体班级成员参与班级“立规”，既让每个学生成为自主立法者，又是班规的监督对象。

总之，新高一班级的管理需要智慧、策略，要根据学生情况的不同，适时进行调整。抓好开学第一个月，就抓好了高一初一，乃至整个中学阶段。在这个重要的阶段，班主任也要以身作则，起到模范作用。

小座位，大学问

——浅谈班级管理艺术

深圳第二外国语学校　张冬兰

在班级管理中，每一个班主任都必须要面对编排位置这一问题。班级位置的编排，非常考量班主任的智慧。编排得当，师生关系、同学关系、班风建设，方方面面都会获益良多，否则，就会成为班级管理中的一个重大隐患。那么，如何编排位置呢？

一、常见的座位编排方式及其优缺点

1. 自由组合型

所谓的自由组合，就是由学生自由挑选自己喜欢的同桌，自己安排座位。这种编排充分地考虑了学生的感受，比较民主，在一定程度上也可以适时地避免一些相互之间有矛盾或过节的学生被安排到了一起从而造成更大的冲突和误会。其缺点也比较明显，比较容易形成小团体，一些“志同道合”的人往往就会扎堆，造成“1+1>2”的破坏。

2. 身高排列型

身高排列型就是按照学生的身高依次往后坐。这样编排的方法相对来说比较公平，基本照顾到了每一个学生的视线。其缺点就是很难兼顾到一些情况特殊的人，比如说近视很严重的人；与此同时，也很容易把一些关系不太好的学生编排到一起。

3. 优差组合型

优差组合，就是由成绩相对好的与成绩相对差的组成同桌。这种方法的优点在于，如果教师把握得好，引导有方，优异生与差生之间互帮互带，很容易就把整个班集体的良好学习氛围带上来。但这种编排座位的方式缺点非常明显：班主任人为划分学生等级的痕迹太过明显，让学生尤其是“差生”心生反感；而且“优帮差”一旦引导不当，“优生”被拉下水的也不是没有。

4. 成绩优先型

成绩优先型就是以成绩为依据，成绩好的先挑座位。它的优点是能够激发学生的竞争意识，缺点则是人为地把学生分为三六九等，从而造成“唯分数是从”的僵硬条框，久而久之，师生关系越来越紧张，同学关系也渐生间隙。

……

二、座位编排要考虑的因素

座位编排方式千千万，到底怎样的编排方式才是最好的方式呢？在我们编排座位的时候应该坚持哪些原则？

1. 公平原则

不可否认，每个班主任的心里都会“偏爱”一些学生，但是，作为一个班级的管理者，绝对不能因为“一己之私”而去“照顾”自己喜欢的学生。这样做表面上是给予了他们照顾，但实际上就是给他们树敌。一个班主任不能公平地对待自己的每一个学生，他在班级管理中会遭遇到的阻力自然就可见一斑了。

2. 民主原则

小学生初中生还好，他们的自我意识没有那么强烈。到了高中阶段，如果编排座位的时候丝毫不考虑学生的感受，一股脑地包办，久而久之，你就成了学生心目中“专制”的象征。如果这个班主任够强势，完全能压制得住学生心中“奔腾的野马”，那可能彼此都会相安无事；但如果说这个班主任不够强势，那最后的结果可能就不太妙。所以，编排座位的时候，事先了解学生的需求，了解他们真实的想法，尊重他们切合实情的需求，这对我们的班级管理大有裨益。

3. 学习优先原则

班级管理的任何方式方法，归根结底都是为了培养人。从小处说，通过管理，让他们拥有好的习惯和好的成绩；从大处说，通过管理，让他们拥有好的品行和好的格局。学生成绩好可能并不能代表一切，但大量的数据表明，学习成绩好的孩子，其他方面的能力也不容小觑。所以我们在编排位置的时候，“提高学生的成绩，提升学生的学习品质”则是我们编排位置首先要考虑的因素。

4. 兼顾特殊原则

这里的“特殊”，不是班主任的“偏好”，而是学生的特殊情况、特殊需求。对那些有视听障碍的学生，要是把他安排在班级的最后，基本上学生就废掉了，他们坐在教室，只是充当班级人数，所以我们在编排位置的时候，确实要考虑这一点。还有就是一些关系不太和谐的同学，尽可能把他们的位置间隔开来，减少他们再次正面交锋的概率。与其抬头不见低头见让内心乱如麻，还不如“老死不相往来，眼不见心不烦”。

三、座位编排案例

我曾经带过一个班，是中途接手的班级，在接手之前，那个班级可谓是“声名狼藉”。开学第一天，如何编排座位就成了我这个班主任的首要任务。

在位置编排之前，我其实已经对班级人员情况做了一个摸底，谁的性子温和一些，谁的性子比较执拗；谁和谁的关系比较好，谁和谁的关系比较糟糕；谁的成绩不错，谁的成绩堪忧；谁很喜欢说话捣蛋，谁安静有正义感……

做好这些之后，不动声色，给他们两个选择：自己选位置还是我来安排。如果是自己选，必须约法三章：一是只要有人反馈坐在一起爱讲话捣乱，那么座位随我调；二是座位每两个星期按逆时针移动一个位次，这样的话每个人都有坐前面、中间的机会；三是如果轮换到你不乐意坐这个位置，只要你能主动说服其他组员和你交换位置并安抚好周围的人、又不影响班级学习氛围，可以自行调整。

座位编排之后，没有人来我这里要求我换过位置，之前聚拢在一起喜欢讲话的人也因为座次的轮换而经常岔开，班级整体的学习氛围也大有好转。

之后我反思自己的做法，我觉得有以下几个点值得我们去思考：

1. 化被动为主动

表面上看，这座位是他们自己选择的，但实际上掌控的还是我，因为我和他们已经有言在先了，他们要执行他们的方案，就必须遵守我的“约法三章”。他们自行选择座位，某种意义上已经自动选择了和自己关系好的人在一起。和关系好的人在一起，少了许多人际关系的纠缠。多了许多志同道合的安慰。而一旦这种志同道合转变成了“同流合污”，依据章法，我依然拥有决策权；而他们也会因为理亏而无法气盛。

2. 留有余地

每一种座位的编排，它都有这样那样的优缺点。如何取长补短，那么留有余地就是极可能地弥补座位固定所带来的弊端。爱讲话，座位轮换了，你跟谁讲？关系闹僵了，自己去协调处理。凡此总总，学生自己协调处理多了，老师也就从那些“鸡毛蒜皮”中解脱了出来。

3. 尊重学生，维护公平公正

尊重他们的个人意愿，给予他们最大的信任，这既是师生之间建立良好关系的基础，也是班级管理中必备法则。我所带的学生是高中生，有些时候他们的认知甚至是超过了我们老师，我们想要糊弄他们，几乎是不可能的。把他们当作“大人”，给予他们充分的尊重，他们回馈给我们的也必然是尊重。而且还需要指出的是，这样公平公正的做法，一方面能最大限度地保护好孩子的视力，另一方面也让一些总有“特殊需求”的家长望而却步。

当然，关于座位的编排，一定是因人因时而不同，想要有比较合理的座位编排方式，一定是建立在对学情、生情的充分了解之后做出的最优选择。所以说，小座位的背后，确实有着大学问。

参考文献

[1] 孙文博. 浅谈教学环境之课堂座位编排方式［J］. 青年时代，2019，000（016）：257–259.

[2] 史彦雍. 基于主体教育理念下座位编排教育实践［J］. 课程教育研究：外语学法教法研究，2019，000（014）：P. 49–49.

[3] 严雨清. 寻找回家的路——以编排座位为契机构建序列性专题活动［J］. 班主任之友（中学版），2019（3）.

[4] 段志东. 教室座位编排模式摭谈［J］. 青年教师，2006，000（006）：13–14.

[5] 陈文平. 略谈学生的座位编排［J］. 常州工学院学报（社科版）（1）：80–82.

学生管理尺度与力度实践

深圳市翠园中学　张　洁

在实行扁平化的管理制度下，对年级管理工作的操作细节和责任都会带来更大的挑战，随着时代的发展和信息化的浪潮，以及家长的年轻化和学生获取信息的多渠道化，就需要年级管理工作具有精细化和因人施策，尤其对管理尺度的把握需要有精准的把控。

一、期望管理，把握分寸

国家对人才的选拔越来越多方向，因此学校对人才的培养也应有相应的策略。如纯文化生、体育生、美术生和传媒生等不同的方向，其具体要求会有所差异。因此对不同类型的学生，首先要把握的是对他们的培养期望。在全面提升学生素养的前提下，对纯文化生的培养目标是在学业成绩上有所精进，百尺竿头更进一步。保证学业的前提是学生要有良好的学习习惯，好习惯又来自循序渐进的养成，在自控力普遍偏弱的情况下，养成习惯需要有强有力的监督，因此年级和班级对其的管理和要求应该严格，尺度鲜明，并坚信学生可以达到一定的高度，并持之以恒的执行已有的措施和方针。

但是对体育、美术和传媒等方向的考生，因其高考招录方向和形式更加侧重专业技能，对文化的要求相对偏低，保证达线即算合格。因此其重要精力放在日常训练、打磨技巧，力争在重要赛事中展现水平。另外其训练时间和规划与纯文化生有出入，或者说有冲突，很难做到步调一致，加上高强度的训练往往会消耗学生很多的精力，在行为习惯的培养上可能需要花更多的时间，而且见效也会比较慢，周期比较长，所以对其的日常行为规范和文化成绩的管理与期望要相对调低。

二、善用奖励，因人而异

根据马斯洛的需求层次理论，任何的社会角色都需要人认可，学生更加不会例外。所以对学生的引导宜以奖励为主，惩罚为辅。

从奖励的角度来讲，针对不同类型的学生，可以用以下三种类型的奖励。

1. 精神奖励

可以是一个微笑、一个鼓励的眼神、一个肯定的赞许，甚至是一声谢谢都可以于无声中给学生带来力量。又比如用合影，与被奖励学生一起定格温馨的瞬间；用评语，给被奖励学生量身定做一段精炼的评语；作诗，用学生的名字作藏头诗，并作为奖品送给学生；共进午餐，与被奖励的学生体验一次面对面的温情；或者排座位的时候，表现出色或者进步最快者可以优先选择“首席座位”的方式等。

2. 物质奖励

小型的物质奖励，如图书杂志、书签、贺卡、教师本人照片等，针对家境贫寒的学生，可以是一条漂亮的围巾和一双厚厚的手套，可以在冬天为学生带去无尽的温暖，让学生不把奖品当成是施舍而是应得的奖励，拥有平等与尊严。

3. 寓贬于褒

陶行知用“四块糖”的故事启发了我们激发学生内在驱动的思想，奖励与惩罚犹如“激励”天平上的两个托盘，缺了任何一方都会失去平衡。我们应该借鉴其在欣赏了学生身上的正面因素后，通过委婉的语言和间接的方式，恰当表达对学生进步的期望，是表扬与督促并行，表扬中有期待，期待中有鞭策。只要教师能与学生形成彼此坦诚、关怀和尊重的关系，同时用发展和全面的眼光看待学生，及时指出学生不足，学生也能感受到老师的期待，并长久激发前进的动力。

奖励需要因人而异，对奖励时机、奖励方式、奖励分寸的把握也是一门艺术，一门辩证、灵活、复杂、多样的艺术，如同厨师烹饪，同是一块萝卜，条块片丁丝，吃起来各有滋味。不同的方式，效果各异。

所以需要考虑周密，不疏细节，得体适度，不缺不滥。

三、寸土不让与循序渐进

1. 寸土不让

《道德经》有云，治大国若烹小鲜。一个班级的管理者，若能在班级管理取得较好的成效，那么管理更大规模的团队，也能举重若轻。年级管理和班级管理工作有无数的相通之处，或者往大的方向说和企业管理，甚至是国家管理都有异曲同工之处。

没有规矩，不成方圆。对年级管理工作来讲，有些原则性的制度或者规定，是作为高中生必须要遵守的。如抽烟、喝酒、考试作弊等涉及原则性的问题，涉及青少年品行培养和世界观与价值观形成的关键性规定，都不能掉以轻心。就像国家都有自己的法律，触犯了要为自己的行为负责任，我们需要从小事着手培养学生的责任意识和底线意识，在底线问题上必须要有寸土不让的意识，把学生培养成现代社会合格公民。

2. 循序渐进

寄宿制高中的学生管理工作相对更加复杂，学生的成长、成熟、成才都需要有个过程，对学生的培养，也不能操之过急，揠苗助长，需要符合青少年身体人格的发展规律。著名心理学家威廉·詹姆士说，播下一种行为收获一种习惯，播下一种习惯收获一种性格，播下一种性格收获一种命运。可见学生行为习惯的培养非常重要，且我们通常说21天能养成一个习惯，但是我们忽视了习惯不是要养成，而是要纠正之前的坏习惯，纠正的过程会有起伏，会有反复，而且不会是一帆风顺，是一个漫长而纠结的拉锯战。所以在培养学生良好的习惯和观念时，要允许年轻人犯错，并给时间让他们成长。

对不同学生的不同错误，要采取因地制宜的应对方式，不可千篇一律，有弹性留出适当的时间和空间，让学生习惯和观念的培养能够循序渐进，进退有据。

四、分秒必争与停让三分

1. 分秒必争

高中生尚未形成比较成熟的时间观念，尤其在学习这种需要不断重复，不断形成新的反射的大脑神经机制下，一万小时定律或许在这个领域显得比较重要。在培养学生时间观念上就要有鲜明的理念，在时间点的把握上，要养成提前5分钟的习惯，如早读上课、下午第1节课、晚自习等，既要提前5分钟到场，也不能早1秒钟退场。这种严格的时间要求，并不是要卡时间本身，而是要通过严格的时间控制，来提升学生对事情的重视程度，重视了就能做好。所以年级管理在这一点上不能有任何的放松，相信学生应该可以受益匪浅。

2. 宁停三分，不抢一秒

通常在卡车或者交通主干道的显眼处，时常会贴着“宁停三分，不抢一秒”的警示语，但到底起多大作用就很难估计，至少也营造了一个安全第一、礼让的大环境吧。

那么在年级管理方面，出于教书育人的目的，全面培养学生素养，各种各样的活动也是非常多。课外活动确实能够在一定程度上提升学生的领导力，组织能力，团队精神。虽然我们对时间的把控有严格的标准与要求，但是在面对不同情况的时候，也要懂得灵活变通，更重要的是能该紧的时候紧，该松的时候松，能够让学生觉得宽严有度，也愿意配合。比如运动节期间的足球之夜，全体学生观看师生大战，在球赛结束的时候离晚修就寝还有一段时间，那时学习，学生没有心思，弃之不用，又觉得有点可惜，宛如鸡肋。这时候我们就需要大度地把这样的时间放给学生自由活动，往往会赢得学生的欢呼。在需要的时候你支持了学生，在关键的时候学生就会配合你。

五、宽严结合，松紧有度

1. 宽：宽容学生、给予正确引导

每一个学生都是特殊的，都有其特性和闪光点，因此，教师及管理者必须充分尊重每一个学生，不应过分偏爱，避免盲目的苛求每一个学生达到相同的标准。同时，教师还以积极的包容心态与学生相处，当学生犯下过错时也应宽以待人。每个学生都具有不同的家庭背景、成长环境、个人性格和社会交往情况等，做出不正确的行为或者违纪行为应包含两个方面的原因，即客观原因与主观原因。教师在追寻错误原因时应注重人性化，包容化，具体分析学生当时所处的环境与背景，而非一味地依照学校管理规章制度予以处置。另外，教师不应过于突出学生主观原因，将犯错误的原因归结学生自身性格、能力与品德等方面，而应给予更多的信任和鼓励，寻求其中的客观原因，继而将错误处置的标准降低。每个个体都具有自我反思能力，当学生逐步成长，外在的环境与自身性格逐步成熟时，就会对过往错误形成较为准确的认识，继而改正错误，因此，教师不应紧抓学生的某项过错，一味将行为性质和影响扩大化，而应指出并给予正确的引导。

2. 严：严格要求、遵守制度底线严

主要指代两个方面，其一是严格要求学生，由于部分高中生的学习成绩较差、学习习惯与学习能力不足、且缺乏有效的学习意识和学习动机，教师必须向学生提出较为严格的要求，继而引起学生重视，培养学生学习兴趣和学习习惯；其二则是严格设置学校管理的相关规章制度，促使其正式化、严肃化，设置学校规章制度的底线标准，并开展入学教育，保证每一个学生都熟悉学校规章制度，且形成底线意识。一旦有学生越过了学校管理的底线，必须予以严肃处理，且不会因学生身份而有任何差异。

3. 松：构建轻松和谐的学校环境

学校环境包含两个层面，即文化氛围和自然生态环境，轻松、自由而和谐的校园环境不仅能够帮助学生构建良好的品德性格，更能有效推动学生综合素质的提升。首先，文化氛围，即文化环境，主要指校园中的人文精神、办学理念、规章制度、师生关系、生生关系等，教师为构建美好而和谐的校园文化氛围，必须注重尊重且平等地对待每一个学生，建立可信任、互动友好的师生关系。同时，学校的相关规则、设施、广播等也应切合学生特性，彰显博爱与关怀。其次，自然环境则是指校园中的基础设施、植被绿化等，应合理、贴心。

4. 紧：设置科学而紧凑的作息时间

教师或学校管理者在构建出较为宽松、自由、平等而和谐的校园环境的同时，一方面，思想上要紧绷安全这根弦，没有学生的生命安全就没有教育。任何时候都要掌握学生的思想动态，眼观六路，耳听八方，掌握足够多的学生信息。对近期的不良苗头性事件做出预期判断，以便提出与之相对应的教育策略。另一方面，设置科学而紧凑的作息时间，继而保证考中职的学生不会过于沉迷玩乐、保证学习时间与学习效果。教师或管理者应树立正确的管理观念，不可过于宽松，应丰富学生的学习与休闲活动，将学生每天的活动安排的适当紧凑化，促进学生劳逸结合。

六、安全责任重于泰山

学校办学，既要师生幸福，家长满意，也要社会认同。但这一切的前提是在保障了学生安全的情况下。管理是一门艺术，更何况年级面对的接近900名学生，背后是至少2000名家长和无数错综复杂的社会关系。如有安全事故，会带来极端恶劣的影响。办学固然成绩重要，但学生的生命安全毫无争议的列在榜首。

学生群体中，心理问题呈现出高发势态，低龄化势态。尤其在高一年级，学生刚刚入学，大家对情况都不太了解的情况下，就需要慎重处理每一起学生的违规违纪，既要起到警示的作用，又不能损害学生自尊或者信心，所以对管理层的管理能力提出了高挑战。极端的时刻，宁愿有尺度地一定程度上放弃管理原则，也要在安全问题上确保万无一失。

重视学生安全，既是对学生的高度负责，也是对家长的高度负责，更是对社会的高度负责。

有的老师性格随和，与学生比较亲近，打成一片，但发展到后来威信会逐渐下降，学生已经不把老师放在眼里，再想重新树立威信难上加难；有的老师比较威严，和学生之间是完全的上下级关系，说一不二，独断专行，学生见了唯恐避之不及。有的学生在学习方面一般，在其他方面却天赋异禀，老师迫于升学的压力，只注重学生的学习成绩，一味打压学生优秀的天赋，致使学生的兴趣无疾而终，学习也草草收场。这都是过犹不及的例子，这样的老师在实际中不在少数。现在重新提出教师依然要有一颗母亲的心，母亲的心不可缺，母亲能看到孩子各个方面的优秀。同时，在心中常放一把尺子，有了这把衡量尺度的尺子，才能在遇事的时候时刻提醒自己，把握好管理学生的尺度，既不过分打击学生，也不使学生散漫自由，实现“礼”和“仁”。

参考文献

［1］曹凤梅，刘晓萍．心中撑好一把尺——试论教师管理学生的尺度［J］．新课程．2007，03：179.

［2］项合敏．宽严结合松紧有度［J］．教育现代化．2017，38：290-291.

第二篇

班级衔接策略

浅谈美术班的班主任管理策略

深圳第二外国语学校　李大全

美术班是美术生在学校生活的基本场所，也是学校教育教学的基本单元，如何建设美术班，直接关系到班级存在的价值与学生的发展，由于美术班学生构成的复杂性以及课程设置又有别于传统的文化班，这极大地考验着班主任的管理智慧。笔者根据自己所教美术班的学生，发现他们存在普遍共性问题，并以此视角提出美术班的班级管理策略。

一、美术班学生的普遍存在问题

（一）家境优渥，衣食无忧，缺乏吃苦耐劳的品质

学生生活在我国改革开放的先行地深圳，它从一个小渔村发展成活力四射的经济强市。出生于2000年后的深圳千禧一代，他们当中大部分是家里的独生子女，家境普遍较好，衣食无忧，在改革开放浪潮和独特的家庭结构环境下长，大使美术班的学生普遍缺乏吃苦耐劳的精神。

（二）学生个性鲜明，崇尚自我，规则意识较弱

美术班学生相对其他文化高考班学生而言，个性更为鲜明，自我意识强，规则意识较弱。例如学生对于学校的各项规章制度遵守意愿不够强烈，经常出现女生化妆、涂指甲，男生烫发染发、留长发等社会化倾向以及学生私自携带手机进入校园等违反校纪校规问题。部分学生以自我为中心，很少考虑到集体，是精致的利己主义者。

（三）行为懒散，习惯较差，学习主动性不强

美术班生源结构较为复杂，少部分同学是因为兴趣而选择了美术班，这类

学生学习主动性较强，习惯较好。更多学生是文化课差，又想走捷径考个好大学而被迫选择了学美术，他们普遍美术基础较为薄弱，自制力不足，学习和卫生等行为习惯差，学习主动性不强，班级整体学习氛围亟待加强。

（四）个别学生心理问题频发

美术班学生不仅学习文化课，每周还需要花费大量时间学习美术专业课程，由于大部分同学自身基础较为薄弱，学习效能感低下，所以学习压力很大。笔者所带美术班人数为35人，班级男女比例1：6，女多男少的班级氛围相对沉静，部分学生由于家庭关系不和谐或父母离异叠加情况下心理波动频繁，这类特殊学生出现心理问题的概率更大。

二、美术班学生的班级管理策略

（一）严格管理班级，形成良好班风

相对传统的文化班来说，美术班学生特点显得更为复杂。建班之初则需要班主任用敏锐的眼光更早的识别，对症下药，为班级的管理打下良好的基础。

笔者结合自身经验教训认为：班级组建之初，班级管理严格在先，树立教师威信，后期再适当给予学生人文关怀为宜。《菜根谭·概论》有言“恩宜自淡而浓，先浓后淡者人忘其惠；威宜自严而宽，先宽后严者人怨其酷”。其含义是：对人施予恩惠应该从淡到浓，如果一开始浓厚后来逐渐淡薄，人们就容易忘掉你的恩惠；树立威信要先严后宽容，如果先宽容后严厉，人们就会怨恨你的严苛。同理，老师如果在建班之初表现很和善，对班级问题比较宽容，学生会认为老师好说话，形成犯错也会纵容的第一印象；后续碰到问题再严厉管理的话，学生很容易认为老师不是他们心中想的那么美好，就会产生失望的心理，一旦教师对部分问题处理不当，部分学生会产生埋怨对抗情绪，这时候就很难树立教师的威信了。美术班学生个性鲜明，自我意识强，规则意识较弱，班级管理更应当先严格管理，一旦发现问题，在学生彼此熟悉形成“同盟”之前及时解决问题，学生的规则意识才会慢慢树立起来。

（二）树立班级榜样，塑造学习典型

美术班学生普遍行为懒散，习惯较差，学习主动性不强。建班初期，班主任需要挑选部分各方面表现较好的学生作为典型，寻找机会大肆表扬，树立班级标杆，营造班级正气，强化这些学生的学习动能，提高他们的自我效能感，

促成他们形成学习共同体。在这些优秀学生的带领下，营造良好的班级氛围和师生、生生关系，增强“问题学生”的集体意识，在此基础下，进一步开展班级管理教学工作。借助身边榜样的力量，良好的班级氛围建立起来了，“问题学生”收敛自己的不当行为，朝着好的方面改变，也只有这样，班级建设才会逐渐朝向良性发展。

（三）抓好“问题学生”，强化班级管理

美术班学生学习文化课时间少，基础相对薄弱，学困生较多，这类学生很容易产生厌学心理，因为某一科目听不懂就放弃了学习，所以教学时教学内容与难度不应该超出他们目前的认知水平，尽可能提高学生做题的正确率，增强学生的学习满足感，只有学生在学习上尝到甜头，才会有进一步学习的动力，因此课程的内容及习题设计难度不宜过大。此外，班主任需要对这部分学生进行分类，搞清楚学生学习困难背后的原因，再对症下药，例如有的学生心理比较脆弱，学习内容难度加大，很容易产生放弃的心理，对于这类学生，班主任需要及时鼓励，当学生进步时要适当地表扬；有的学生本身偏科严重，基础就很薄弱，因此除了给予这类学生鼓励之外，还需要额外加强基础知识的学习与巩固。

美术班除了学困生较多之外，调皮有个性的“问题学生”也相对较多。中学是学生个性成长的关键时期，无论是心理还是身体发育都趋向成熟，他们渴望独立自由，又兼具叛逆心理。利用美术班同学比较有个性、崇尚自由特点，教师可以适时给予其表现机会让他们释放个性，同时班主任也要抓住契机赞美他们，把不利的消极因素转化为积极因素。班级管理的中期，教师可以适当放权，让学生逐渐学会自我管理，否则“问题学生”可能会受不了班级的严格管理而与老师产生对抗情绪。老师制定班规和班级发展目标时让全体学生以主人翁的心态给班级的发展献计献策，贡献智慧。通过共同讨论，学生自己制定的班规，也更容易遵守一些，同时“问题学生”认为老师要尊重、重视他们，这样就减少了班主任自行操作既费心劳神又起不到好效果的困境。

美术班学生普遍缺乏吃苦精神，行为较为懒散。究其根本，更多的是家长溺爱所致，因此，要想矫正学生的懒惰心理，需要家校精诚合作，家长需要转换心态，不能再把他们当作小孩一样万事包办了，除了要求其进行必要的学校劳动之外，在家里放心大胆地让他们去尝试做力所能及的事情。家长和教师率先垂范，勤勉工作、用心生活，对学生起到潜移默化的影响。另外，部分懒学生不爱学习是因为有畏难情绪，缺乏上进心所致，这类学生需要激发他们的兴趣和内在学习动机。懒学生并非一朝一夕形成的，家长、教师都要给予充分的时间，足够的耐心帮助他们制订合理可行的计划，循序渐进地克服惰性。

（四）理解特殊学生，给予特别关爱

对于有心理问题或心理问题倾向的学生，班主任要多留意多观察，经常和这些特殊学生谈心，以同伴视角给予他们鼓励与必要的支持与关爱，并让学生明白挫折是人成长的一部分，弱化学生过度敏感的心理。营造良好的班级氛围，借助朋辈力量，让这些学生感受到同学与老师的关心，在这样的环境下，学生的心理危机事件自然就少了。心理问题比较严重的学生，班主任需要疏导他们，鼓励他们进行专业治疗，尽量避免学生自残等行为的发生。笔者在高二第二学期担任美术班班主任期间，因为疫情原因推迟返校的学生刚进班就收到我提前准备好的礼物时，既惊喜又倍感温暖。礼物是一个红包，每个红包两块钱，同时还写着我对每一位学生的祝福，而祝福的第一句话就是：某某某，欢迎回家。

后续的班级管理中，笔者通过各种措施不断正向强化学生在班级的存在感、幸福感，营造和谐温馨的班级氛围。这个学期，特殊学生的心理问题明显少了很多，暴脾气的学生也不暴了，也会主动对老师问好了，跟刚接手这个班时有了明显的转变。学生心理问题的产生有其复杂、特殊的成长背景，需要班主任用开阔的心胸去接纳他们的与众不同，遇到突发的心理危机事件时，以平和的心态去应对即可。

三、结束语

美术班的班级特点有别于传统文化班，对班级管理者提出了更高的要求，需要我们不断学习更新，改变传统的教育理念。以上就是笔者对美术班班级管理的一些经验教训总结，还有很多有待进一步学习提高的地方。总之，班级管理作为一种组织活动过程，班级的活动状况对学生生活、学习和教学质量影响深远，需要班级管理者用心、用情、用智慧去完成。

参考文献

［1］马兰. 论当代中学美术生的特点［J］. 中华少年. 2016（12）：212.
［2］迟毓凯. 学生管理的心理学智慧（第二版）［M］. 华东师范大学出版社. 2016.

美术班的学生管理

深圳市高峰学校　应　琴

从担任美术班班主任到现在，即使有些时候感觉措手不及，但还是觉得成就多过困惑。在学困生的转化过程中，体会到教学育人的巨大力量。虽然做得不是很到位，但是还是愿意进行总结和分享。也是供自己反思。

每个木桶都有一些参差不齐，每个班级也都会存在一些行为学习态度相对而言较为落后的学生，作为一个班级的教育者和组织者，要时刻关注这些学生的心理和学习动态，对学困生的转化，除了要做到班主任的基本事务之外，还要有一些比较特别的招数。美术班是一个比较特殊的群体，因为文化课要求的降低和学习时间的自由，美术班的学生尤其容易出现学习态度和学习行为方面的问题，形成学习行为双差生，很是让人头疼。但是相对其他的班级而言，美术班的差生又有自己的特点。

学困生，定义应该是在学习上没有目标和方向，没有紧张感或者在生活行为上，有异于一般学生，容易有出格或者不合群的行为。在实际的教学过程中，我们很容易发现这些学生上课无精打采，对作业成绩毫不在意，与同学相处的时候，会不在意集体的荣誉和其他同学的感受，只在意自己的一时快乐或者意愿。

一、学困生的表现

下面分别举两个实例来说明学困生的表现：

（一）学习学困生

在美术班，A同学的学习就是典型的后进，基本上，上课对于他来说，就是一种折磨，来到美术班，因为文化课的压力，更让他对学习的厌倦感全部显现出来，上课犯困、睡觉的情况时不时出现，进行训话后，短时间内能强迫自己不趴在桌子上睡觉，但是却无法控制自己的思绪的停滞，在他最为头疼的学科英语课上，基本上就是无法控制自己的头不低下。用他自己的话来说，就是没有学英语的细胞。在专业课上，画画也是模仿层面的学习，基本上能完成一幅画作。总的来说，就是在凡是需要动脑的地方，不会动脑，但是，他又是非常聪明的，在人际交往方面，经常能逗得全班同学哈哈大笑，能用一个话题让自己成为谈话的中心。这种学习学困生相对其他文化课的学习学困生而言，他的不同在于，除了有他们的学习差的问题之外，还有一个缺少基本的紧张感的特点。

（二）行为学困生

在美术班，B同学应该算是行为学困生，在日常的同学相处中，显得特别的不合群，在做卫生方面，值日要么漠不关心，要么干脆不做，而且不会理睬班委的叮嘱和催促。其他同学对班级扣分非常的上心，即使是那些平常不怎么积极的人。但是她却能一个人坐在座位上一动不动。在班级全员排练节目的时候，不跟任何人打招呼就悄无声息地离开。非常逃避大家对她的关心。不喜欢参加集体活动，还有很多其他的事例能明显的给她定义为学困生。

当然还有一些行为学习都不太让人满意学生，只是他们的程度相比较而言没有上面两个事例的极端。

二、如何解决学困生问题

面对学困生，我们都知道，不能只从表面行为来分析和解决，而是要深入地分析和合理地给予建议来解决这些问题。在一年多的班主任的管理过程中，摸索出一些可能也是比较大众的做法。

（一）班主任必须要做到的是“用心”

班主任要用心营造一个比较好的班级氛围来影响学困生。首要的就是勤。一是腿勤，要常常到班里看看，及时了解班级动态。二是口勤，班主任的工作是与人交流的工作。班主任的一句问候、一个鼓励、一番交心会拉近和学生的距离。三是身勤，身勤指班主任要以身作则，给学生做出榜样。四是眼勤，班主任要有一双体察入微的眼睛，及时发现学生问题。五是脑勤，就是不断思考班级工作存在的问题和探索工作的新途径、新方法。第二个就是要和学困生的交心，我和A交流过很多，发现并不是他不想学，而是真的存在“学习障碍”，据其父亲讲，从小学开始，A的学习就存在一些问题，可能受家庭影响比较重。父亲学历不高，而且常年在外做生意，没有时间去管孩子，而且整个家庭氛围是强调孩子的自主管理，所以A的生活自理能力较强，但是学习能力较差。和B交流过，也是通过和家长联系，得知家庭情况也不如人意，子女比较多，父亲常年在外，母亲学历不高，管理方式粗暴。针对这种情况，在对他们的要求上又有不一样的地方。对A，要求是上课端正姿态，在生活上，还要把注意力放在校园生活上，多和同班同学在一起。对B，要求其他的同学不要因为其个性而疏远她，在对B的要求方面，强调学习的重要性，另外，在班级事务上，通过和与她关系较好的同学的渗透，一点一点地引导她关注班级事务。

（二）“新”

不拘一格、勇于创新，做创新型班主任。所谓创新型班主任，就是那些善于吸收最新教育理念和成果，将其积极运用于教育中并且有独特见解、能够发现行之有效的新方法的教师。青年班主任要敢于用新的方法、新的理念去管理班级。班级管理中做到“硬管理”和“软管理”双管齐下。所谓“硬管理”，就是严格遵守学校校规校纪这一基本原则不动摇，而“软管理”是在班主任工作方面的一些创新。在班级管理中要适当地进行制度的弹性管理，比如上课睡觉的违纪行为，我们可以通过唱歌的处罚来让学生既不觉得是一种羞辱，也可以让其从瞌睡的状态中跳出来，对于行为后进的学生，要强制的给予一定的班级管理职务和班级对外事务，然后让同学给予配合，在一段时间后，会让学生产生集体荣誉感，从而体会到班级管理的乐趣，参与同学的活动。同时还可以利用网络进入他们的“群”中，成为学生的“网上好友”并经常同他们聊天，及时了解他们的思想动向。事实证明这种方式能够及时发现青春期孩子的“难言之隐”并顺利解决学困生管理中的“疑难杂症”。

（三）班主任用实际的行为来引导和感染学困生

另外我认为班主任用自己的实际行为来引导和感染学困生，其实学困生并不是没有任何的荣誉感和道德感，只是因为在某些方面的落后，让他们自信缺失，从而让他们学会了自我隐藏，自我保护。一次倾注爱心的丰厚付出，可以使学生永生铭记，一个俯身拾纸的小小动作，同样会给学生带来心灵深处的震撼。关键在于班主任要从小事做起，以身作则，率先垂范。通过对家庭的了解，我发现，学困生的形成很大部分是父母的不当行为引起的，所以如果他们能感受到一个老师的诚心，老师的善美，还是能感动他们，引导他们修正自己的学习和行为的差异。

总之，对于班主任，不放弃任何一个学生，努力培养自己的全面身心发展，锻炼自己的职业能力和增强自己的专业素质，只有这样，我们才能够在班主任之路上越走越顺畅，才能越来越体会到教书育人的乐趣。

规划引领未来

深圳市观澜第二中学　贝愉雯

有人说“初一是季前赛（热身），初二是常规赛（积累），初三是季后赛（冲刺）”，也有人说“初一是道坎，初二是个坡，初三是座峰”总之，初三，跟初一、初二有着太多的不同——时间越来越紧，难度越来越大，新学科化学的强势加入。对孩子来说，初三是学习生涯的转折点，那么进入初三，孩子们首先需要做些什么呢?

《礼记・中庸》告诉我们“凡事预则立，不预则废”。所以，在初三到来之际，孩子们需要确立明确的目标，制定清晰的规划。

孩子升入初三后，有家长可能会发现，孩子也许正在面临他们人生的第一个困惑期。为什么呢? 那是因为一方面，初三的孩子年龄尚小，缺乏社会经验，另一方面，此刻他们正处在一个可能左右自己人生走向的关键时刻，孩子难免会产生一定的压力，很容易陷入困惑之中。所以明确目标，制定规划，就如同让孩子在通往目的地的路上，一步一脚印，一路踏实，一路前行。

一、人生规划

怎样在黄金年龄阶段迈好人生第一步，做出人生第一次关键性的选择呢? 首先需要对自己的人生进行规划。我国传统的人生观是“求生——保存生命，求偶——延续生命，求仁——光彩生命”，当然，我们这里要谈的人生观应该是成功而幸福的人生观——人们能根据社会的需要与自身可能，有目的有计划地发展自己，在某一领域里做出贡献、服务社会、充实自己，以诚信、勤奋、创新给自己铸造健康、完整、幸福、和谐的智慧人生。做好人生规划，是让孩子敬畏生命，志存高远。

首先，需要目标引领。对初三的孩子来说，目标可分为以下四类：

1. 远期目标

人生远景（希望从事的行业、职业或重大愿景）。

2. 中期目标

学习与成长（希望就读的高中、大学或者职校、技校，出国留学等）。

3. 近期目标

习惯与复习迎考（中考备考的习惯养成和阶段性测试目标）。

4. 当下目标

月、周、日目标和具体任务（每个时间段内计划完成的任务）。

不论我们的孩子做出怎样的选择，理想的人生以及我们需要获得的专业能力和人生品格，都需要我们从青少年时期的学习开始奠定坚实的基础，特别是我们处在较为发达的经济特区，要求每个人要以更高的素质和更大的优势来适应快速发展的社会，所以，我们很有必要让孩子理性地认识、思考自己的未来，对于自身大致有个发展的愿景。

其次，对于人生规划的思考方向，不仅仅是孩子心目中的理想未来，更重要的是实现理想的阶梯，也就是要有强而持续的执行力，即一丝不苟地完成计划，坚持不懈地反思与贯通。这个执行力应从一而终，那么对于初三的孩子，更重要的是接下来要谈的学习规划。

二、学习规划

初三的学习紧张而有序，所以要紧跟老师的节奏，一般来说，初三备战中考分为以下三个阶段：

第一阶段——过渡和学习新知阶段：大约五个月，可以这样说，初三知识掌握得是否牢固往往是中考成败的关键，因此至关重要。

第二阶段——基础复习阶段：从寒假至第一次模拟考试前，大约四个月，主要是巩固知识。

第三阶段——冲刺阶段：从一模后到中考前，这一阶段要坚定信心，相信自己，也相信老师，加足马力，全力以赴。

要想在有限的备考时间里提高学习质量，就要让孩子制定出一个切实可行的学习规划，使孩子的学习行为具有明确的目的性，从而井然有序，从容面对。

那么如何做好学习规划呢?

1. 确立目标是前提

高尔基说“一个人追求的目标越高，他的才力就发展得越快”。也有研究表明：“当学生认为课程内容与达到自己的目标有关时，学习各个科目的时间就会大大减少，也许只花目前所花时间的三分之一，甚至只要五分之一的时间就够了。”这说明，合理的目标会使得学习效率大大提高。

目前，孩子的中期目标是中考，要根据自身实际情况，明确理想目标。目标一经敲定，就要树立必胜的决心和信心——我一定能够赢得中考，考上理想学校。

中期目标应当远大，但在某一具体的学习阶段又应当有一些切实的具体要求，即近期目标和当下目标，这两类目标的确立应当更多地考虑不同孩子之间的差异性，要因人而异。无论孩子的基础如何，所确立的目标都应该是既需要花一番功夫，又能做到的，也就是最近发展区理论启示我们的“跳一跳，摘得的果子”，只有这样的要求，才能算切实有效。比如一个孩子这次测试成绩是80分，如果让他下一阶段测试要达到95分，显然难度太大，不切实际，但是83分、85分对他来说经过努力是可以达到的水平，这才是切实有效的目标。

2. 具体措施是王道

制定实现目标的具体措施，是学习计划的重要组成部分。孩子进入初三后，要注意规划，大到全年、学期，小到每月、每周甚至每天，都一定要明确各个阶段的目标，知道各个时间段该做什么，比如什么时候该学习新课，什么时候该复习，什么时候该休息。

在制定具体措施的时候，要切合自己的情况并有所侧重，不必面面俱到，已经做好并养成良好习惯的，可以不必写入，所拟计划要力求简明扼要，易于执行和检查。

科学地运用学习时间，是学习计划的重点内容。包括合理安排时间和杜绝时间浪费两个方面。如果时间安排上杂乱无章，可能会导致有时忙得不可开交，有时又无所事事。所以我们可以指导孩子做到以下几点：

（1）保证睡眠的时间和质量。这有助于保证学习效率，为了保证睡眠，对学习时间的安排就应该分轻重缓急，有所侧重；

（2）制定一张合理可行的时间表。列明自己可支配的时间——早上起床后，中午放学后，晚上回家后等时间，如表1所示：

表1

时间段	完成任务
起床后——上学前	任务一： 任务二： ……
中午放学后——上学前	任务一： 任务二： ……
下午放学后——睡觉前	任务一： 任务二： ……

（3）正确利用碎片化时间，在时间的海绵里挤时间，积少成多，化零为整。如等公交车的时间可以背几个单词，坐校车的时间可以背一首古诗。

3. 打好基础是关键

初三学年，孩子们会经历比较多的阶段性测试，但是，不管是什么考试，都离不开基础。所以要让孩子克服急于求成的思想，一定要跟着老师的计划走，重视基础、重视课本，做好基础题，练好基本功，打好坚实基础。

基础有多牢固决定了学习综合能力有多强。例如从历年的中考来看，对于基础知识、基本方法、基本技能的考查占比还是很大的。比如数学，选择填空每题3分，丢一道选择填空的基础分，想在解答题补回来难度之大不言而喻。

孩子在平时的学习中，我们时不时会听到他们说“这次考试题目很简单，我丢分都是因为太粗心了”“作业太简单，我都懂了，没必要浪费时间写作业，我还是多钻研一些难题吧”，殊不知，孩子口中的“简单”的题，其实正是基础。对于基础，不仅是要求能听懂、会做题，更要做到零失分！简单题目常出错，虽然一个方面确实反映了孩子的粗心，但另一方面却更暴露了孩子基础的不扎实。

4. 自信心态是保证

中考是孩子在成长过程中面对的一次重要的挑战，父母应该给予孩子有力的支持，帮助孩子顺利地跨越中考这道坎。孩子即将中考，可怜天下父母心，作为父母紧张、焦虑是难免的，但是我们要尽量克制这种负面情绪，保持平和的心态。中考不只是知识的较量，更是对孩子的身体素质、心理素质以及意志品质等综合素质的考验。在初三阶段，我们可以逐步教给孩子几种心理调适的方法：

（1）正确认识压力和焦虑。

当小孩出现考试焦虑时，我们可以告诉孩子压力与绩效理论，即压力和绩效呈倒U型，所以适度的压力有利于取得好成绩。

（2）关注学习过程而非平时的测试结果。

如果孩子出现为一两次成绩而担心的时候，我们要让他梳理一下自己的目标是什么，计划是怎样的，是否按时完成了计划，分析成绩找出问题，看看计划是否需要调整。

（3）积极的自我暗示。

积极的自我暗示能给人以信心和力量，促使行动和结果向好的方面转化。当小孩身心疲惫、心情不佳时，我们可以教给孩子积极的自我暗示方法，让他们从正面激励自己，从而产生坚持下去的力量。

附初三学习进程表：

表2

初三上学期		
时间	重点事件	预期目标
9月	初三开学	让孩子制订作息时间及学习计划，使学习生活变得充实、有意义；与孩子一同写下初三宣言，为迎接初三加油打气！
9月-12月	学习	孩子开始学习一门新学科——化学，与此同时，目前的学习实际已经进入新知识快速学习阶段。要让孩子尽快进入学习状态，把初三上学期期末考试当作是中考一般来对待。
12月初	提前备战期末考试	初三第一学期期末考试要考察的知识不仅多，而且难，还十分重要，因此按照以往的复习时间可能不够，建议至少要提前1个月进入复习状态，制订复习计划。

续 表

初三上学期		
时间	重点事件	预期目标
1月	期末考试	本次考试既是对初三知识学习的一个检测、也是对初中三年学习成果的初步检测，考试结果将会成为学生选择高中还是职校的主要参考，直接影响后期学习的心态，所以要郑重对待。
1月–2月	寒假	期末考试已成过去式，要尽快平静心情，调整状态，为了真正的终极目标——中考继续冲刺！制订寒假自习计划，查缺补漏。
初三下学期		
时间	重点事件	预期目标
2月	总复习开始	开学后迅速学完初三所有新课内容，开始进入总复习。在学习知识时注意及时消化，跟上老师的进度安排。
3月–4月	第一轮复习	重视课堂老师所讲，注意回归课本，弄清每一道例题，严格执行自己制订的复习计划；勤做习题，但相对数量来说，质量更为重要，利用错题本或用彩笔明显标注错题，保证所有的问题都得到及时的解决；每天坚持练习英语听力和阅读，以保持良好的语感，在考试时能有更好的发挥。
5月	二模考试	以正确和稳定的心态对待，模拟中考的状态，检测第一轮复习的效果，查漏补缺。
5月–6月初	第二轮复习	进一步梳理和查缺补漏，调整心态最重要。
6月中下旬	中考	平静地面对，拥抱自己的梦想！
7月–8月	暑假	最轻松快乐的暑假！

“老班主任”带“新班级”的几点尝试

深圳第二外国语学校　崔利兴

一、背景介绍

承蒙学校学生处领导的信任，2019年新学期我又重新开始了中断多年的班主任身份，面对新的形式，新的要求，我应该怎么去管理班级？过去十五年的班主任工作经验是否还适应现在的学生？这些学生还能否像以前的学生一样配合我的工作？

这些问题困扰了我好久，经过仔细的分析与规划，我找到了一个突破口，感觉比较适合我这种情况的老年班主任管理新组建的班级。我主要做了以下几方面的调整与落实，感觉和预期效果接近，为了更好地做好今后的工作，也为了帮助有类似困惑的老师做好班主任工作，特做此整理。

二、情景描述：

新高二开始，我走进新组合的班级心理落差很大。高二年级学生身上常有的特点，这个班都有。他们没有了高一新生对高中学业或高中老师的敬畏；他们缺乏为了理想与目标而拼搏的精神，甚至部分学生根本没有理想或目标；他们身上看不到经历一年高中教育之后的自律与规划；他们没有课堂上认真听讲、活动时积极参与、同学有困难时的团结互助；他们身上也看不到面对自己的过错，勇于承担并积极改进的精神面貌……

反观我自己，比这些学生的父母年龄都老好多，他们的世界我实在不懂，他们的语言我总觉得不正常，我的要求他们很反感，我的良苦用心在他们的眼中变成了“别有用心”。总之一句话，老革命遇到了新问题。二十几年的教学经验，十五年的班主任管理经历在面对这些新的问题时，显得那么微不足道。

面对这样的问题，思考了几天之后我决定采取措施，这也算是知己知彼吧。我的策略主要有两大条。一方面要尽快真正地了解自己的工作对象；另一方面用好曾经的经验并加以改革适应新的形势要求。

三、问题解决过程：

（一）全面了解新的班级

1. 了解班级学生实际情况，思考“接地气的”班级管理措施

第一次班会课，我故意高度强调学生处与年级组给普通班的定位——“创新班”。我引导学生分析自己的实际情况，不遮掩、不隐瞒。让学生明确班级的整体水平处于年级的下游，成绩最好的学生在高一选科时处于年级300名以后。还有很大一部分处于年级最后一百名之内。然后引导学生该怎样面对？通过征集学生的建议，班主任分门别类地进行指导，班级学生的信心更强了，纪律更好了，有很大一部分学生开始按照重点班的标准来要求自己。

让学生明白班级的组成情况。这个班共有学生47名，包括物化政，物化地两个专业的学生，除语文、数学、英语、物理、政治学科外，其他必考与合格考学科，学生分班上课。与常规班级管理相差较大。针对这些具体情况，按照传统的方法以及过往的经验，无法很好地做好班主任工作。尤其是面对新高考的这种模式，老师、学生、班主任都是新手，我主动放下身段，征求同学们的意见，他们根据走班制的特点，提出了很多可行的方案。综合结合学生的建议，我在高二11班采取“阳光互助小组”管理措施，把班级管理、朋辈互助、团队建设、与个人奋斗有机结合，既增强了凝聚力，也强化了竞争意识和团队精神。

2. 对待家长“不一视同仁，要因人而异”

作为班主任，肯定要多与家长沟通，了解家长对学生的定位，从而形成家校合力。通过电话沟通、家长会沟通，以及约谈部分家长，我发现这个班级的家长大体上分为以下几种类型。

（1）特别关注型。这些家长会随时关注学生的一举一动，随时询问老师，不遗余力地为学生提供帮助。例如高二11班D同学家长，很有心得、有安排。

因此在家委会中我经常表扬她，并鼓励她分享自己的经验与心得，请她在家委会中担任重要的工作。

（2）被动关注型。这些家长因为各种原因对学生关注不足。他们往往只是在考试后和老师联系，焦虑学生成绩。对于这类我主动出击，改变他们由“事后反思”转为“过程中参与”，并且让学生参与其中。班内有位C姓的同学，他妈妈有一个习惯，总是考试后不断联系老师，搞得老师与家长都很疲惫。我通过和其以前老师沟通了解这个情况后，联合其他科任老师在平时主动联系她，并安排相关任务，请她督促并评价学生的表现。难得的是，不但效果不错，他们的母子关系还得到了改善。

（3）随大流类型。对这些学生家长而言，关键是正能量的引导与措施的借鉴。因此，我安排D同学的家长进入家委会，让她在家委群多多介绍自己的经验，并向多数家长发出倡议。这样家长群也变成了班主任管理的一个阵地而不是对立的堡垒。

总之，管理新班级的半年以来，高二11班在不断地进步中，这很大程度上得益于我对班级、对学生、对家长深入的了解。

（二）用好曾经的经验优势

根据经验，一个团队若想进步，必须有“正能量的主旋律”，这也就是传统意义上的“班魂”。班级的主体定位，班级宣扬、倡导的都必须是对班级良性发展有帮助的东西。我主要做了以下的工作：

1. 运用榜样的力量

榜样可以来自兄弟班级也可以来自班内表现优秀的学生。通过这些案例，让学生们有学习赶超的对象，并结合自己的实际寻找差距。

2. 运用具有广泛影响的事件

我找到最新的华为招聘广告。其中有三个入职者对学生触动最大。他们年薪最低的89万，最高的216万，但共同点在于他们的优秀是自己奋斗出来的。

3. 运用传统名校的映射作用

我在网上找到衡水中学跑操的视频，还有他们的时间表。学生深受触动，感觉自己似乎是虚度时光。关于这些我并没有讲太多，但目的已经达到。

4. 根据学生特点“因材施教，因人而异”

针对高二11班的实际情况，对班内优等生让他们树立目标，争取高三进入重点班，高考考入双一流。针对有特长的学生，结合自己的特长与意愿给予班级政策上的支持。感觉班内每个学生都有目标，都有干劲，这正是班主任老师所追求的。

（三）结合时代特点，增强“班级经营”意识

结合对高二11班的了解，我感觉作为班主任，要淡化“班级管理”理念，增强“班级经营”意识。不能单纯依靠规制掌控班级，而要通过关系和情感进行维系。班主任在与学生的交往中，要正视差异、尊重差异，给予学生更多的耐心和接纳，让班级不仅成为学生喜欢和向往的友善集体，也成为班主任自己享受和愉悦的精神家园。高二11班创立之初，我和同学们以及家长代表，一起制定了班级经营的八字方针——健康、快乐、成长、进步。这为以后的班级管理指明了方向，并团结了各方面的力量，减轻了工作阻力。

四、案例反思

这个案例令我反思，面对新的形式，资深的班主任应该怎样管理新组建的班级？实事求是地讲这个班级现在的成绩与状况，有运气的成分，有付出的结果，但在理论支撑上稍显逊色，今后将加强理论学习提升自己的教育理念，严格管理的同时，增强“赏识”成分，增强孩子自信心，增强团队的战斗力，增强学生的自律意识，增强朋辈互助，增强学习效率，让更多的学生通过体验成就感来促进自己的成长。

浅谈班主任中途如何顺利接班

深圳市龙华区教育科学研究院附属学校　徐玉华

本人做班主任多年，仅一次接七年级新生做班主任，其余时间都是做人家的“后妈”。都说“后妈”难当，但我这个“后妈”也许运气好，经常接年轻班主任的班，也许是自己年长，经验稍微丰富点，又有妈妈的气质，每次当起“后妈”还挺顺手。每次当人家“后妈”，我都会对自己说：“既然当了‘后妈’，那就要把她当好，绝对不能让学生说‘后妈’就是没有‘亲妈’好。”

有了想当好“后妈”的念头，就应先正视中途接班该有的困难。要明白中途接班与组建新班级，同样是担任班主任工作，但存在着很大的差别。在半途接班的过程中，班主任要面对的不是对什么都还不熟悉的一个个新生，而是已经形成了一定的秩序和风气的班集体，学生在这个班级里已经生活了一段时间，已经在班级里找到了自己的位置并且对班级形成了一定的看法或是期望。此时，班主任开展工作一方面必须保持班级稳定，与前任的工作做好衔接，另一方面又要贯彻自己的想法，实施自己的班级管理政策和措施。这中间的分寸控制、方法选择、时机把握都与组建新班级的工作有着很大的区别，甚至有时工作的难度超过了组建新的班级。

本学期我再次在九年级毕业之际做了“后妈”，现在已经近一个月了，本文就以本次接班为重点，结合多年经验进行总结，与各位同行共勉。

一、通过多渠道了解班级情况

《孙子兵法》有一条叫“知己知彼，百战不殆。”作为中途接班的班主任，首先要了解班级情况。我是从以下几个方面着手的：

（一）和前任班主任做好交接工作，虚心听取前任班主任对班级情况的介绍

现在所接的班级原班主任李老师跟我说的第一句话就是“我们班有个很难搞的问题生和有听力障碍的特殊生。”这是给我一个下马威。我在笔记本上把黄老师说的人和事简单地记在本子上，因为不认识学生，也只是记着而已。李老师说这个班级的学生家长很不重视孩子的教育，不配合老师的工作。再查看期末考试成绩，知道这个班级成绩两极分化极其严重。总的来说，个别学生问题严重，整个班级成绩不理想。

（二）与科任老师交流，侧面了解班级情况

科任老师教几个班，对情况会有所比较，另外有些学生在班主任和科任老师处表现出两面派的做法，因此多跟科任老师交流，可以从侧面了解班级情况。从科任老师处我知道了这个班的孩子纪律观念不强，对老师也不太礼貌。

（三）找学生谈话，深入了解班级情况

开学前叫了几个学生来教室搞卫生，顺便跟他们了解班级的优点和存在的问题。学生是比较了解学生的，通过他们的述说，我又知道了很多李老师都没跟我说的事。跟学生的聊天，是对老师介绍的班级情况的有益补充。

（四）与家委成员进行沟通，了解家长对老师和学生的看法

通过了解，家委们认为家长还是比较配合家委会的各项工作的，他们自己组建了微信群，没有老师在群里，很多家长不看老师的QQ群，家委负责人就会把QQ群里老师发的通知转发到微信群。这就是班主任说的在群里发通知没有家长理会，不会回复老师，不配合老师的工作。其实是家长们喜欢玩微信，从微信得知了情况就不会去QQ群里回复老师了。但是家委们认为家长要交的资料和各类费用，家长们还是很配合，很快可以完成任务。

通过多渠道的调查了解使我们减少摸索中所要走的弯路，从而与学生接触时已做好了准备，使他们不敢轻视你。

二、巧借各课型取得学生信任

作为中途接班的班主任，要想你的管理班级的理念和措施能有效落实，首先要取得学生的信任，我是利用早读、语文课、班会课、活动课等各种课型，来展示一个成熟班主任的魅力，让学生信服我，相信我能带领他们考上理想的学校。

（一）重视第一次见面课——早读

俗话说“万事开头难”。班主任对班级情况很不清楚，学生对班主任也不了解，大多数学生对班主任持观望态度，他们会带着新奇，猜测的眼光来审视新班主任。因此，班主任要重视与学生的首次见面，以便给学生留下深刻的印象，赢得学生的好感。

匆忙接班，第一次见面竟然是早读课。这天我特意穿了一条艳丽且衬肤色的长裙，画了个淡妆，让自己亮丽而端庄地出现在学生面前。简单自我介绍后，我便谈了刚接班的感受：“中途接班又是毕业班，真是一个挑战，但是老师很高兴接到一个有情有义的班级。听说昨天下午你们一听说要换班主任都哭了，舍不得李老师。说明李老师没有白疼你们，她是个优秀的班主任，你们也是有情有义的孩子。”一番表扬后开始让学生背一首简单的现代诗《乡愁》，五分钟后检查背诵，学生都能背出来，点名背书时其他学生很安静地听，我又表扬了他们懂得倾听，懂得尊重他人。短短二十分钟的早读，学生不断听到我的表扬，很是高兴，看得出来学生对我这个新班主任还挺感兴趣。

（二）利用语文课堂展示个人魅力

第一节语文课，我没有上课，而是给学生介绍我光辉的历史、讲故事，讲语文学科的特点和学习方法。我自信满满的讲解，就是为了展示我作为语文老师的文学功底和语言魅力。开学后我更是用心备课，上课很投入，经常是手舞足蹈，讲课抑扬顿挫，学生听得很入神。一个上课有吸引力的老师，学生是容易接受的，而我要做的就是让学生喜欢我的课，让学生信服我能带他们徜徉在知识的海洋中，幸福地度过毕业班生活。

（三）巧借活动体验式班会课吸引学生

很多班主任不重视班会课，随意上班会或让学生自习看书或写作业，我则不然，我非常重视每周一次的班会课。我每次都精心设计班会，根据班级情况上主题班会。开学第一周我设计了《优秀五班，我的责任》通过几个小活动的开展，让学生意识到个人在班集体中的重要作用，要想自己生活的班级优秀，需要每个同学付出努力。第二周遇到教师节和中秋节就开展《感恩从心开始》的主题班会，让学生学会感恩，感受师爱。为了让学生有目标有动力学习，第三周上的是《目标成就未来》主题班会，让学生学会规划自己的人生，规划初三生活。第四周配合学校德育处工作，我开展了《抵制校园欺凌》的主题班会，让学生了解校园欺凌的危害，从而抵制校园欺凌。有趣的班会活动让学生爱上了班会课，也让学生更喜欢我这个班主任。他们在做中学、学中玩、玩中受到教育，得到启发，学会做人处事。

三、采用各种方式解决遗留问题

中途接班的班主任都或多或少会遇到需要我们解决的历史遗留问题。这次接班我通过调查发现最大的问题是学生不喜欢历史课，对历史老师很反感，觉得老师讲课很枯燥，喜欢拖堂，作业又很多。于是大家上历史课都不听课，造成历史成绩年级倒数第一，比第一名平均分低十几分。情况基本了解后我从三个方面着手解决这个问题：

（一）让学生重视历史课

我要做通全班同学的思想工作，让他们重视历史课。于是我利用开学前作业订正期间的一次班会课在班里对全班同学进行劝导："从考试角度分析，这是中考科目，不喜欢老师进而不喜欢这门课，中考这科就会拖后腿，直接受影响的是你们自己。从老师的角度看，历史老师上课拖堂说明她很想讲更多知识给大家，尽心尽力上课。布置那么多作业还不是为学生多学知识，希望大家都能学好考好，你们作业写得多老师改得也多。老师会留你们背书说明老师非常负责任，像这样的好老师不是更应该得到我们的尊重吗？至于老师讲课枯燥，我会去跟老师沟通，但能不能改进那是另一回事，如果改变不了别人，那我们不如改变自己去适应老师，任何课用心听都有有趣的地方。最后我从学科特点出发进行分析，历史科是文科，需要识记的知识比较多，那就要背书。那么历史老师布置你们背书有错吗？不去背诵，考试就无法考，你们拒绝背书那成绩倒数就可想而知。"学生听完若有所思。

（二）"擒贼先擒王"

我找历史课上敢与老师顶撞，带头造反的两个学生谈话。只要他们肯配合上历史课，其他学生就会跟着来的。我私下找了这两个学生动之以情，晓之以理地告知他们历史课的重要性，他们由于之前比较信服我，比较听我的话，所以做他们的思想工作就不难了。

（三）"兴趣是最好的老师"

我找了历史老师沟通，委婉地表达了学生对她不满的地方，看老师能否改进，让学生喜欢上历史课。“兴趣是最好的老师”，学生喜欢历史课，那提高成绩就是轻而易举的事了。

四、采用各种方法激发学生的斗志

毕业班的孩子面临人生第一个选择路口，此时最需要为自己的前途而奋斗，然而事实是很多学生空有口号，实际行动难有能坚持下去的动力，所以需要班主任老师们多鼓励，激发他们的斗志。

（一）用“新起点”来帮助学生

每个学生由于性格，家庭等主观和客观的原因，造成了有的学生成绩优异，有的学生成绩很差；有的学生听话守纪，有的学生调皮捣乱。但不论什么学生他们灵魂深处都有做好学生的愿望，都希望自己在新的一年里有新的表现。尤其是过去犯过错误，一些心灵深处有创伤的学生，思想深处有一个敏感区——怕谈过去，怕别人揭他们的底，对这些学生切不可用翻老账的办法来贬低他们的进步，因此新任班主任应该给每个学生一个新起点，给学生一个重新再来的机会。我每次中途接班后都会对学生说道：“过去你成绩优不优秀，纪律好不好都不重要，因为那已经是过去的事了。‘好汉不提当年勇’，我只看重眼前的你，关注你现在每一天的表现。”事实证明，这样的话，学生爱听，因为你给他一个重新开始的机会，他会感谢你的，他会倍加珍惜，好好表现自己。相反，你抓住学生的过去不放，会极大地挫伤他的自信心，造成师生关系紧张，使你的工作陷入困惑的境地。

（二）用“进取心”来激励学生

作为毕业班的班主任，我时常激励学生“此时不搏，更待何时？”还以“不想当将军的士兵不是好士兵。”“要为成功找方法，莫为失败找借口。”“聪明靠不住，勤奋最可靠。”等激励性的语言鼓励学生要奋发进取。同时每周贴一句激励性的话到教室墙上，时刻提醒学生该为人生的第一个转折点奋斗。

（三）用“目标视觉化”激励学生

耳提面命的教育有时候难以持续很长时间，这时候就需要潜移默化的自我提醒、自我教育。在《目标成就未来》的主题班会后，我让学生把长期的中考目标和短期的月考、中段考目标及追赶对象等以小字条的形式贴在桌子左上角，让目标视觉化，不断激励学生前行。同时把中考倒计时的牌子挂在班门口，学生每天进教室都能看到剩余时间，告诉学生时间不等人，应该珍惜时间学习，努力向上。

“后妈”虽不好当，但用心对待学生、善待学生，做任何事都从学生的角度去出发，设身处地为学生着想，让学生感受老师对他们的爱，感受老师的真心付出，他们也会把你当“亲妈”看待的。期待我们的用心浇灌，能收获中考丰硕的果实。

新旧班级衔接解决遗留问题

深圳市福永中学　吴海萍

作为初中物理老师兼班主任，注定是“后妈”，如何做好新生管理是决定班级成绩、凝聚力等各方面的重要一环，管理总是难以找到定式，因此不同老师的管理方式也各不相同。当学生在适应新班主任过程中，会与前任班主任进行比较，如何快速管理好班级并得到学生的尊重和认可对于班级的发展极为重要。由于今年是第二次接受一个新班，经验还不是很足，只能抛砖引玉。

接手一个新班级，往往我通过以下几个方面迅速建立一套自己的管理体系，下面我将分步详细阐述：

一、快速了解学生

（一）通过花名册了解班级情况，预设最初的管理思路

通常我们接手到一个新的班级，最先拿到的就是该班级的花名册。我首先会分析班级的男女比例结构，男生多的班级往往偏活泼，给他们留下严厉的第一印象有助于后续管理，先立威再立德是我的总体思路；而女生多的班级往往更偏感性，女生不如男生那样直来直去，需要和她们慢慢交朋友，先立德再立威是我的总体思路。

（二）向原班主任、任课老师了解班级情况

向原班主任了解班级学生的性格，学习情况、家庭情况以及需要重点关注的问题学生。将所了解的情况记录入学生成长档案中。

1. 从所了解的信息中，根据以下原则重新编制座位

（1）学习帮扶；可以将比较努力，但是由于学习方法不当成绩一般的学生

安排在一起。

（2）性格搭配：开朗的学生与内向学生搭配。

（3）打破小圈子：将之前在一起经常爱讲话，爱玩的小群体打散。

2. 了解学生的学习动态，特别关注以下四类学生

（1）成绩波动较大，这类学生一般自我管理能力较差，学习状态易受情绪影响，造成成绩波动；抑或学生心理素质较差，考场发挥不稳定。对于这类学生我往往采用沟通的方式帮他们疏解心理压力，同时平时多对他们进行督导，保持他们的学习动力。

（2）偏科严重，这类现象存在的主要原因有以下两点：

①天生偏科，此类学生往往是学习思维比较固定化，应当打开他们的学习思路，补强他们的弱项。

②家庭职业倾向，此类学生往往是因为父母职业倾向影响比较多，应当引导他们全面发展，打好基础。

（3）受任课老师的影响，初中学生正处在三观成长期，易受老师的影响，往往会产生对任课老师喜恶程度而喜欢或讨厌某科目的现象，应当正确的引导这类学生的学习观念和学习态度。

（4）努力学习但成绩不佳，此类学生往往是学习方法存在问题、思路较窄，学习效率很低，此类学生应当多与其沟通，帮助其改善学习方法，提升学习效率。

3. 了解学生家庭情况，特别关注以下两类学生

（1）单亲家庭：单亲家庭的孩子比较内向、缺乏自信，对这类学生在教导的时候多以鼓励的方式进行，可以定期与他们聊天帮助他们敞开心扉；此类学生家长的教育方式经常呈现极端化，不是望子成龙，管教方式较严，就是马放南山缺乏家庭教育，要对他们进行家访了解他们的成长环境家庭情况，让他们的家长采用正确的教导方式。

（2）留守学生或父母忙缺乏对学生关心：父母缺少对孩子的照顾多是两种原因导致，工作繁忙无心照料或异地工作缺乏条件。此类学生自控能力较差、学习习惯较差，往往无法专心学习、较难抵抗外界诱惑。可以采用沟通与家访并行的方式进行，通过沟通了解他们的学习状态和习惯，通过家访辅导家长教育方式，要求他们改变现有缺乏对孩子关心的状态。

4. 关注问题学生

一般问题学生与原生家庭有着很大的关系，通过家访了解学生家庭背景和生长情况。善于发现问题学生身上的闪光点，找机会表扬鼓励他们，增强他们的自信心。

（三）组织班会

第一次班会极其重要，是与学生建立第一印象，加强彼此了解的重要途径。在班会中让学生自我介绍，通过自我介绍可以观察和记录下学生的性格、爱好。其次，让学生分小组讨论并形成班级价值观和班级目标，将制定的班级价值观和班级目标贴在教室，时刻提醒学生。

二、修订班规

“无规矩不成方圆”，任何一个集体如果没有行之有效的班规，将会成为一盘散沙。因此，必须建立班规来约束学生行为。首先，向原班主任获取班级已有的班规，向原班干部了解班级班规实行的情况，分析现有班规的优缺点。结合班级现有实际情况，以补足短板的方式对现有班规进行修订。例如：班级长期存在卫生方面问题，需要对班规中关于此方面的内容进行重新编制，实现更好地管理。在班规执行过程中，做到公平公正。开学第一周，学生会试探班主任，当学生违反班规时，必须严格按照班规来实行，学生明白班规不可违，否则需要承担相应的惩罚。

当新问题出现并需要添加班规条例时，我通常以“约定”的形式和学生约好再出现此类问题时将承担相应的责任，若学生无异议，则与学生一起修订班规，这种方式更容易让学生接受。通过班规的制定、修改和实行，帮助学生建立良好的生活习惯和学习习惯。

三、重组班级班干部

班干部是学生管理的重要组成部分之一，一个好的班干部团体，往往能增强班级凝聚力，可以有效提升班级管理效率，减少班主任负担，达到事半功倍的效果。因为了解还不够深入，本着实用主义的思路，通常我采用在原有框架不变的情况下，针对个别岗位进行微调的方式组建班级核心力量，主要步骤如下：

（1）保留原有班干部团体，作为临时班委会，保证班委正常运转。

（2）通过一段时间的观察和了解后，采用民主投票和直接任命相结合的方式对班干部进行调整，两种方式并行既可以调动学生参与班委的积极性，又能防止“老好人”型班干部，加强班委会在日常管理中的职责。

（3）加强班干部的流动性，尽量让大部分人参与到班委会中，一方面使更多有能力的同学得到锻炼的机会，另一方面也加强了干部之间的竞争。

第三篇

班级管理思考

浅谈初中德育教育管理的有效落实

深圳市红岭中学园岭初中部　李子薇

一、初中德育教育管理工作的重要性

在很多时候，初中的德育教育管理工作是一项综合性非常强的工作。在这个过程中，不仅要重视学生的外在行为表现，同时学生的内在情感观念也需要得到一定的引导作用。初中生正值青春期，他们大多已经有了一定的自主意识，对于事物也有了独特的见解与认识。而正是由于这种状态，也使得学生急于表现出自己的与众不同，过于相信自己的判断也容易让他们在一些外在观念与认知的干扰下发生改变。而一旦没有接受良好的引导，学生就会误入歧途。面对这种状况，落实良好的德育教育管理工作则十分有必要。作为学生成长道路上的“明灯”，初中学校应当勇于承担起对学生的观念与意识引导工作，并深入到学生集体中，从他们的共性与个性问题入手，妥善且循序渐进地进行有效的帮扶工作。

二、初中德育教育管理工作的有效策略

（一）转变传统教育观念

想要有效实现初中的德育教育管理工作，教育工作者首先要面对的就是转变自身的传统教育观念。

首先，对于德育教育管理工作来说，其落实者是教育工作者整体，而非某些学科的教育工作。德育教育效果的提升，不仅在于每个教育工作者的身先垂范，更是在与学生相处过程中一种理念与文化的渗透。教师的一言一行在很多

时候都是一种表率的作用。

虽然初中生对于事物都有自己的主见，但是他们也在意外界的想法，而教师在学生面前所展现的想法或意见也会成为学生的参考物。而正确的想法与观念往往会有更加直接且强烈的说服力，学生自然会进行分析。所以，每一位教育工作者都要明确自身在德育教育中的作用，不仅要关注到自身的学科教育，更要注重自身的表率性。在一定程度上来讲，教师自身所散发出的道德风范，会更容易被学生们学习。

其次，德育教育管理工作的开展，并不是仅仅依靠说教来完成的。在上文也提到，教师的一言一行都是落实德育教育管理的关键。

在实际德育教育中，教师如果过于强调道德的“理论性”，并没有从实践的角度出发，甚至自己行为上都没有遵从这些“理论”，都会让初中生当作是“空谈”。真正想要做好德育教育管理工作，教育工作者不应将目光放到“教”的身上，更要从学生的“学”与“做”的角度出发，实现“教学做合一”，这样才能够让德育教育管理工作实现“闭合”，保障德育教育管理工作的实效性。

最后，应关注学生的主体性。忽视学生的主体性在德育教育管理工作中，是一项致命的问题。“以生为本”是德育教育中最为重要的理念，其根本就是要求教育工作者重视学生的主体性，并在实施德育管理中结合学生的实际情况安排教育内容。

从实际状况来看，部分学校却忽视了这个问题，这也导致了德育教育管理工作过于形式化，教育工作者只是将其当作是一种教育任务，而未能将其上升到更高的高度，这也使得德育教育未能有效地渗透到学生的心中。这些状况是非常需要得到改善的，只有关注学生的主体性，才能够真正地扭转传统的德育教育观念，并保障德育教育的有效落实。

（二）创新初中德育教育管理方法方式

传统的说教式德育教育管理方式是很难收获良好的教育成果的。为此，初中教育工作者应当充分结合实际状况，调整自身的方式方法，让德育教育更为顺利地进入到学生的心中。笔者认为，可以从以下几个方面出发。

首先，重视环境的德育功效。校园环境的创设，在很多时候发挥着一种“隐性教育”的作用。清新的花草树木，不仅会让学生松弛精神，同时也在一定程度上让学生产生爱护自然的心理冲动。

这只是一个简单的例子，想要真正发挥出校园环境的德育功效，教育工作者需要重视校园的物质环境与精神环境。在物质环境的建设中，可以先从学生“看得见，摸得着”的角度出发。比如说，在校园一些人员比较密集的场所，例如食堂、楼梯口处，就可以张贴一些发人深省的警句与名言。

为了让学生感觉到更多的趣味性，学校还可以张贴一些具有深度含义的漫画。这都会让学生产生探究的兴趣。再者，学校还可以从一些深远意蕴的物质出发。比如说，在校园中栽种松树、向日葵等有象征意义的植物，让学生在不经意间感受这些植物所散发出的德育内涵，这都可以对学生产生更为真实的教育效果。

在精神环境的建设中，学校可以从立足自身的文化内涵角度出发。比如说，学校可以将优秀的传统文化与学校建设相互融合。比如说，初中在制定自己的校本课程的过程中，可以将一些传统文化文字资源融入其中。并定期召开相关的传统文化活动，这不仅会更好地开辟传统文化在德育教育中的优势作用，同时也可以让传统文化与校园环境相互融合、相互衬托，让学生更好地享受校园生活。

其次，以实践活化德育教育管理。教师要重视学生已经具备的生活经验、生活认知，并结合他们生活中存在的问题，引导学生明确生活的含义，继而促进他们对自身行为、生活、世界的反思，从而树立学生正确的“三观”。世界著名教育家苏霍姆林斯基说：“道德准则，只有当它们被学生自己追求，获得和亲身体验的时候，只有当它们变成学生独立的个人信念的时候，才能真正成为学生的精神财富。”因此，教师在平时的教学中，应当为学生的道德感悟积极创造机会，让学生可以以自己的视角对世间百态做出正确的分析。

学校针对学生平时存在的撒谎与违纪等现象，组织了一场《诚信在我心中》的活动，在活动的过程中，让学生一一列举身边不守诚信的现象，在这之后教师可以对此进行整理。再引导学生围绕如何解决这些问题，并对怎么才算是一个诚信的人进行讨论。学生对此都踊跃发言，经过他们讨论，提高了对诚信的认识，尤其是对“诚信是立身之本、做人之道”有了更加深刻的认识。

三、结束语

德育工作是初中学校教育重要且不可分割的一部分。注重初中德育工作管理新途径的探索，有利于我们在发展素质教育的同时推动德育工作的开展，而且初中生处在人生的重要时期，注重对他们进行德育教育，有利于为国家培养全方面发展的高素质人才，为他们以后的生活提供一定的保障。

总之，学校的德育工作是一项系统工程，牵涉面广，工作量大，大量新的课题亟待我们去探索、去实践、去创新。只要我们坚持把德育放在首位，与时俱进、开拓进取、扎实工作、大力推进教育创新，就能把学校的德育工作推上更高的水平。

参考文献

[1] 黎青. 初中德育管理工作开展的思路及对策 [J]. 课程教育研究，2018（36）：82-83.

[2] 胡洁慧. 初中德育管理工作实效性问题初探 [J]. 教书育人，2018（22）：31-32.

[3] 赖年英. 让学生在角色互换中成长——初中班主任德育管理方法探微 [J]. 教书育人，2018（04）：69.

[4] 李文亚. 提高农村初中德育管理的有效策略. 新教育时代（2015年11月总第6辑）[C]. 天津：天津电子出版社有限公司，2015：45.

[5] 杨罗信. 谈谈对初中德育管理工作的理解 [J]. 课程教育研究，2013（05）：78.

量化高中生德育评价的实践与思考

深圳第二外国语学校 魏 超

新高考评价体系的基本内涵是“一核四层四翼”，其中：“一核”为考查目的，即“立德树人、服务选才、引导教学”，是对素质教育中高考核心功能的概括。“为什么考”的首要答案是“立德树人”，充分表明德育的主体地位，但德育是一项系统工程，各方面如何协同配合、相互促进、相得益彰，聚焦立德树人根本任务发力，需要有纲领进行规约、统筹和协调，以确保落到实处，获得实效；在深入推进过程中要不断反思、总结、判定是否朝着正确方向发展，是否达到预期目标等。心理学家斯金纳认为：人的后天行为是由偶然行为的结果所支配的，其中受到强化的行为得以保留，没有强化的行为则消失。可以理解为人在实施某种行为之后获得了奖励，那么之后类似这样的行为他就会多做；反过来，如果某人实施了某种行为之后被惩罚，那么之后类似的行为他就会少做或者不做。因此，有选择的、系统的强化某些行为，就能改正掉具体的不规范的行为。“量化学生德育评价”就是利用这一原理，把行为要求和教育规范的内容量化为相对合适的分值，以便对学生受到的德育效果进行考核记分的一种管理方法。

一、量化德育评价的基本原则

（一）可操作性原则

不同年龄、不同层次、不同性别、不同班级的学生都会有不同的发展特点。对于量化评价的项目，开始时不能求多求全，要根据班级发展规划和学生的整体文化素质、心理素质以及存在的主要矛盾，挑选迫切且易于改正的几项先尝试性地做起来，让学生有一个理解和适应的过程。因为未成年人在新的管理模式下，要在短时间里改变身上长久以来形成的不良习惯不切实际，所以量化项目的选择就需要谨慎而为。教师可以事先找班委和普通学生分别进行了解、摸底或者不记名网络问卷调查，作为考核项目确立的参考依据。在实施的过程中能收到一定成效，具体实施的过程不会对学生的学习和生活形成特别的干扰，不会耗费他们过多的时间，在此基础上再慢慢铺开和拓展。

（二）一致与连贯性原则

学生德育目标和国家要“培养什么样的人”的目标相一致，要和学生的年龄特点和发展规律相一致，和班级的发展规划相一致。这就要求班级管理者（班主任）在带班之初，在总的立德树人的目标引领下，规划好高中三年的学生发展规划，如“高一正习惯、高二提素养、高三求卓越”的培养方针，并结合班级学生实际，定下具体的德育发展方向。既要一脉相承，又要保证具体措施实施的连贯性，即所有有关学生德育的具体要求都围绕着培养规划进行，是循序渐进的，前后衔接紧密，不搞跨越式的动作。

（三）发展性原则

学生由不成熟走向成熟是一个曲折变化的过程。学生的生理和心理都是发展变化的。班主任对班委的期待不断增强，要求不断提升。如果班委一味好强，能力无法跟上，又缺乏班主任的理解和开导。对量化考核表的处理会引发双方的信任危机，对班委造成心理负担，甚至会影响到全体同学对班主任的信任。同时要注意首因效应的影响，量化考核时，不能认为好学生不能变差，差生不会变好，于好学生从轻处理，对学困生从重处罚倾向。一旦有失公允，学生和老师会慢慢走进相互敌视的恶性循环。量化考核时班主任应该提醒自己，学生始终是变化发展的。班主任在面对学生时应以促使学生更好发展为目标，立足于考量学生当下的行为，减少对学生过去过失的追究和指责，突出学生变化发展好的方面，接受学生波动发展的常态。对学生管理进行适应性调整，这不仅仅是为了规范学生行为，更为了扫除学生心理障碍，避免偏激心理和偏激行为的出现。

二、量化德育评价的实施路径

（一）量化项目的确定与执行情况的及时反馈

班级量化考核内容、量化指标、评分标准等细则要科学、细致的考虑后方能制定，这样才能保证考核成绩的公平公正、有权威性，进而能持续良性发展。学校制定的德育学分考核办法，是针对全校学生制定的校规，某些内容有待细化，在制定具体考核制度时充分发扬民主，调动全班同学积极参与，认真征集班级学生代表、学生干部的意见，耐心细致地听取学生和家长的反映，师生共同制定具体细节，保证了细则实施的学生认同感和权威性。比如学生在教室吃零食现象较多，根据学校德育考核办法是扣一分。但是学生不会因为这一分不去吃零食。全班针对这一现象公开讨论班级量化考核办法，通过头脑风暴，最后得出班级吃零食除了扣掉德育学分外，还需要跟随值日生打扫教室卫生一周。这一新条例全班通过，便可以拟定《教室吃零食追加考核细则》，全班签名留档。通过这种全员参与，民主公开的形式，让学生参与到班规的制定中来，从而增强学生的自律性。

无论奖励还是惩罚，都需要及时反馈。每周班会课要公布上周班级量化管理的结果，这样能发挥量化管理的促进作用。对于统计数据，班主任做到每天都查看，每周一小结，每月一总结。通过分析数据，及时发现和解决量化管理过程中出现的问题并及时跟进调整。班级宣传栏可以增加德育分公布栏，学生可以随时查阅自己的德育学分考核情况。但是有些事情的反馈需要班主任及时做出处理。比如学生的宿舍内务。及时找到学生进行核实扣分情况并分析原因，找解决办法，否则学生不会知道自己因为某些内务不合格被记录。因此，有些扣分项目需要及时反馈才可以让学生及时意识到自己的不足，及时整改。

（二）德育评价主体多元，评价情境多维度

学生的德育评价主要由教师在学校情境中完成，即便考虑了学生自评与互评，教师评价仍然是学生德育的主要评价者。但学生的品德意志体现在生活的方方面面，如果德育评价主要集中在学期的几个特定时间点，对学生的相关品德知识与行为进行评估，对其品德发展进行总结性评价，这种单一化的评价主体，固定的评价情境和特定时间点的评价结果显然无法实现对学生品德水平和状况的全面测查。学生为了在品德评价中获得较高水平的评价，可能会在特定

时间、特定情境中表现出特定的行为。而这违背了德育工作的目标，违背了品德教育的初衷。因此评价的情景就必须多元化。如量化学生对班务的用心度、学生对承诺的守信度、学生对责任的践行度、学生对恩情的回报度。

（三）优化学生自评与他评方案

评价不是为了证明，而是为了改进，因而评价应该融于教与学的活动过程之中，并且评价本身就是德育活动的有机组成部分，学生自主评价也是德育评价的最大优势。在发挥自我形成性评价的积极主导作用时，不论是定性还是量化，当我们将自己与他人做比较时，更倾向把自己的水平评估得更高。这种现象被称为“自我高估”（self enhancement）效应。避免最简单的方法就是自评应与学生的互评、教师的外在评价相结合，让学生从周围外在评价中努力学会更真实、客观地认识自我及自我的发展，更积极地向集体评价标准靠近。可以从两方面努力，一方面是尽量使个人自评与所有同学的自评靠近，按照英国学者的建议，首先，以所有参与者自我评分的平均分作为“一般标准”参考线。其次，把每个人的自评单独与“一般标准”参考线对比，得出“相似系数”。相似系数较高的人，表示个人自评与同学自评趋同性高，反之趋同性低。最后，运用相似系数计算出每个人自评与同学自评接近的客观评分，这样能发现自评与他人自评的距离，有利于不断自我改进。另一方面是尽量使自评与周围所有人（师生、家长）做出的评价（他评）靠近，方法类似上面英国学者的建议，只不过将“所有参与者自我评分”换成“所有参与者对我评分”的平均分作为“一般标准”参考线。再把个人的自评与他评的“一般标准”参考线对比，得出“相似系数”。相似系数较高的人，表示个人自评与群体做出的他评趋同性高，反之趋同性低。最后，运用相似系数计算出个人自评与他评接近的客观评分。

（四）经验借鉴

通过查阅图书文献资料，从他人的研究中找优势补短板，参考各类积分制量表的制作方法，寻找适合中职学生的评优方法，在前人研究的基础上为制订科学的“积优量表”提供理论基础和指导；根据前人在制度创设、考核内容和方法上已有的先进经验，在此基础上对这些经验进行深加工，以期为确立优秀学生评选的量化标准和积分方法提供路径。

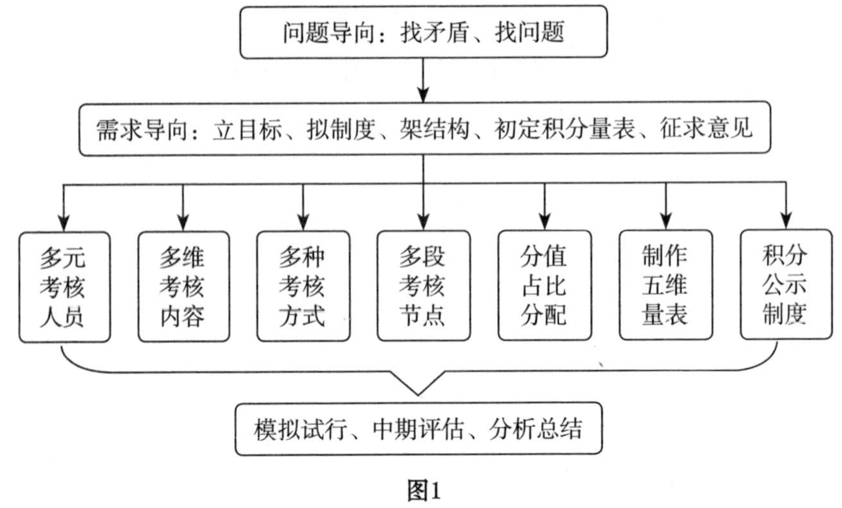

图1

三、量化德育评价的辩证思考

（一）德育评价倾向学科化

虽然德育工作受到了充分重视，但在开展学生德育评价的实际工作中，存在着大量的问题与困境。例如，对学生品德的评价采用积分制，罗列一系列具体的行为，学生出现了相应的行为或达到要求，就能予以加分，并且作为评优的重要依据。学生为了获得品德评价的高分，出现“人为”拾金不昧等行为。有的地方采用考试的形式，对学生思想品德相关的课程知识进行测查，并将测查结果纳入中考成绩中，作为对学生品德发展的考察。为了取得好成绩，学生努力识记相关知识、行为标准与规范，但并未将这些识记的内容运用在实际生活中，指导自己的行为，出现了明显的知行分离。有的学校采用档案袋的方式，由教师对学生进行品德评价。由于关乎学生的毕业与升学，教师给予“良”的评价也会引发学生与家长的不满，家长甚至为此找老师要求更改评语等级。可见，在教育教学实践中，德育评价的学科化导向严重，而德育本身的特殊性使其并不适应这些评价形式，反而为评价工作乃至学生的品德培养与发展带来了更多的问题，使德育工作陷入两难的困境之中。

（二）德育评价主体单一，情境固定，结果不够全面、客观和准确

学生的德育评价主要由教师在学校情境中完成，即便考虑了学生自评与互评，教师评价仍然是学生德育的主要评价者。但学生的品德意志体现在生活的

方方面面，而当前的德育评价主要集中在学期的几个特定时间点，对学生的相关品德知识与行为进行评估，对其品德发展进行总结性评价。这种单一化的评价主体，固定的评价情境和特定时间点的评价结果显然无法实现对学生品德水平和状况的全面测查。学生为了在品德评价中获得较高水平的评价，可能会在特定时间、特定情境中表现出特定的行为。而这违背了德育工作的目标，违背了品德教育的初衷。

（三）量与质的取舍

学校德育实践中，积分制关注的是学生的具体行为，是客观的量化评价。但量化评价在本质上只关注学生的行为而不关心学生的道德认知和道德情感的发展，不承担推动学生的道德认知发展的功能。德育评价则是一种价值判断过程，本身有其内在的特殊性和复杂性，允许对一部分对象做出非客观性的价值分析判断，意即可以是一种质性评价。德育实践中，“取量舍质”现象却大量存在，即只看到一个个被量化的行为积分，却看不到对学生行为的品德特征描述和价值判断。实质上，学校对量与质的取舍源于对积分制与德育评价关系的认知。显而易见，积分制只是一种方法和手段，而德育评价才是核心与本质。学校不应该以积分制这一特定手段作为取舍量与质的唯一标准，而应该围绕德育评价的实践需要，以人文的视角兼顾量与质，实现二者的有机融会。比如，在实践中，当某类积分到达一定程度时，教师可以主动介入，赋予该积分一个品德特征描述或价值判断，以鼓励学生的道德行为，并为他人做出示范；或者帮助学生发现问题、分析问题、解决问题。

（四）价值取向的融合

行为模式缘于行为者的价值取向，学校在积分制评价过程中制定怎样的评价内容，采用什么评价形式，以谁为评价主体，都是由学校的德育价值所决定的。总的来说，目前中小学校的积分制实践大致有两种德育价值取向。第一种价值取向是，将积分制德育价值建立在学校整体德育上。在此价值取向的观照下，学校会倾向以整体观和系统观的视角来制定评价内容，构建多元主体评价体系，以量表评价为主要形式来强化学生的日常德育行为。第二种价值取向是，将积分制德育价值建立在学生个人的道德行为上。在此价值取向的观照下，学校倾向以人本主义的视角来制定评价内容，以加减分为主要形式来实践积分制，通过“行为—积分—奖惩”来强化学生个人的道德行为。事实上，以上两种德育价值取向并不矛盾，可以将积分制的德育价值建立在学校整体德育与学生个体道德行为的协同发展上，以系统观与人本主义协同的视角制定评价内容，构建多种形式协作互补的多元主体评价体系。比如，学校可以根据国家的相关规范性文件，对照学校的德育目标确定若干德育指标，各班级组织学生将其细化为具体的评价内容，再根据评价内容的可适用性，将其划分到量表评价和加减分评价当中，然后分别通过量表评价强化学生的日常德育行为规范，通过加减分评价激发并提升学生的优良德育行为，最终达到学校整体德育与学生个人道德行为的协调发展。

参考文献

[1] 王烨晖，辛涛. 当前我国德育评价的困境与出路 [J]. 中国德育. 2015，11：24–27.

[2] 李政. 道德行为积分制评价的实践与反思 [J]. 中小学教育. 2016，4：11–13.

[3] 马景. 关于如何弥补学生量化考核不足的几点建议 [J]. 考试周刊. 2019，03：187.

[4] 王贤德. 论学校德育评价中的三大误区 [J]. 中国德育. 2017，16：19–22.

[5] 邹育平. “元—维—段”视角下学生评优量化考核的路径研究 [J]. 汽车维护与修理. 2019，20B：20–32.

论网络时代初中班主任德育工作面临的问题及解决措施

深圳市观澜第二中学　邹鑫晶

一、网络时代对初中生思想的影响

在信息化的社会发展背景下，人们越来越认识到网络信息技术的优势，其已经渗透在社会生活的各个方面。考虑到初中生的身心发展特点，他们的自我意识正在逐步提高，也能利用网络来进行学习、看电影、听音乐等，由此可见，网络能带给初中生巨大的影响。

班主任的德育工作，一定要符合信息化时代的发展要求，充分发挥好网络技术优势，来全面构建良好的德育教育体系，不断使初中生的综合道德素养得到提升。在此过程中，还应注意网上各种不健康的信息资源，如果不加以甄别，则会使初中生的世界观、价值观受到影响，所以，对于信息辨别能力较弱的初中生来说，特别要重视网络信息对他们的道德素养、思想态度的影响。

二、网络时代下初中班主任德育工作面临的问题

（一）网络管理制度不健全

考虑到初中生的身心发展特点，他们的认知水平普遍偏低，难以有效区分网络上琳琅满目的各种信息，难以避免受到不良思潮的影响，也不利于学生的健康成长。在网络开放性的影响下，网络道德规范建设和相关的条例规范以及法律法规还有待进一步完善，所以，面对网络上的大量不良信息，这些都是造

成初中生道德素养提升的障碍。

（二）德育教育理念陈旧

在信息时代背景下，初中班主任的德育工作往往具有很大的挑战性，部分班主任并没有认识到网络信息对于学生的道德素养的严重影响，并没有重视其所带来的负面影响，在这样的情况下，自然难以有效引导学生的健康成长。

在当前的初中德育工作环节中，单纯地依靠说教方式来开展教育活动，难以从学生的内心出发，也不利于学生主动参与德育教学活动，更不利于学生自主意识的培养，难以实现预期的德育教育工作成效。

（三）德育教育内容不完善

考虑到初中生在面对网络上纷繁复杂的各种信息资料时，并不具备较强的甄别能力，同时，他们往往具有较为严重的好奇心，各种网络信息吸引着他们。由于网络开放性的特点，各种言论自由都能激发初中生的展示欲望，他们容易不受控制地沉溺于网络之中而不能自拔。

所以，在开展初中的德育教育工作中，应从实际工作出发，积极深入到网络，开展德育教育活动，选择能贴近初中生实际生活的案例，改变传统的单一化说教模式，实现德育教学内容极大化丰富，改变当前初中班主任德育教学中的内容片面化、单一化的问题，利用多样化的德育教学内容来激发学生的学习积极性，全方位提升德育工作水平。

三、网络时代初中班主任的德育工作

（一）保障网络管理制度完善，全面提升学生的道德素养

在初中班主任的德育教育环节中，积极推行网络管理制度，并以此全方位激发学生的主动性、积极性，鼓励学生在网络交流学习中树立正确的世界观、价值观以及人生观，利用多样化的网络学习活动来提升学生的道德素养。同时，结合学生实际来实现网络行为规范化管理，积极为网络道德构建提供必要的保障，以便更好促进初中德育教学工作的开展。

（二）加强德育教育理念的创新，正视网络的双面性

针对初中班主任的德育教学来说，为了全面保障工作成效的提升，应鼓励学生能够通过网络学习，树立正确的学习观念，重视网络教育中德育教学理念的渗透，全面凸显学生的主体性地位，摒弃传统教学中那种强制性的灌输式教

育模式。

在信息化时代背景下，班主任应该加强德育工作的方方面面，并能认清网络的双面性作用，鼓励和学生、家长进行充分的交流和沟通，积极组织健康的适应初中生成长的网络内容，正视网络所带来的积极作用以及消极影响，这样方能保障德育教育工作开展的针对性要求。

（三）重视德育内容丰富，探索科学的德育方式

在开展初中班主任的德育教学环节中，一定要迎合时代发展特点，保障德育教学内容的极大化丰富，通过理论联系实际，选择能够贴近学生案例的内容来和学生进行积极交流，以保障初中生的网络行为得到规范，实现道德素养的全面提升。同时，还应进一步保障德育方式的科学合理，在全面掌握网络技术的基础上，不仅提升学生的网络信息技术综合素养，也能有效开展初中德育教育工作，符合新课标的各项要求。

四、结束语

由此可见，在新时代背景下，初中班主任开展德育教学工作，一定要从学生的实际情况出发，积极端正自身的工作态度，满足时代发展要求，全面有效地引导学生，这有助于学生的个性化品格、学习素养的培养，为学生的后续发展奠定良好的基础，这也符合新课标下素质教育的相应要求。

参考文献

［1］王颖. 网络时代初中班主任德育管理对策［J］. 初中教学参考. 2019年第12期：88–89.

［2］于雷. 农村初中班主任德育工作的策略［J］. 辽宁教育. 2019年第8期：88–89.

［3］许琼. 新时期初中班主任德育工作策略探讨［J］. 现代商贸工业，2019年第21期：206–207.

班风建设漫谈

深圳第二外国语学校　余双华

班级文化的概念，我们一般采用的是顾明远先生编撰的《教育大辞典》里面所表述的：班级群体文化简称班级文化，即作为社会群体的班级的所有成员或部分成员所共有的信念、价值观、态度的复合体。班级成员的言行倾向、班级人际环境、班级风气等为其主体标识，班级的墙报、黑板报、活动角及教室内外环境布置等则为其物质化反映。

如果我们把班级文化做一个简单的归类，大概是如图1所示：这就是我们常说的班级文化包含制度文化、物质文化和精神文化。有些学者可能还会添加一个心理文化。

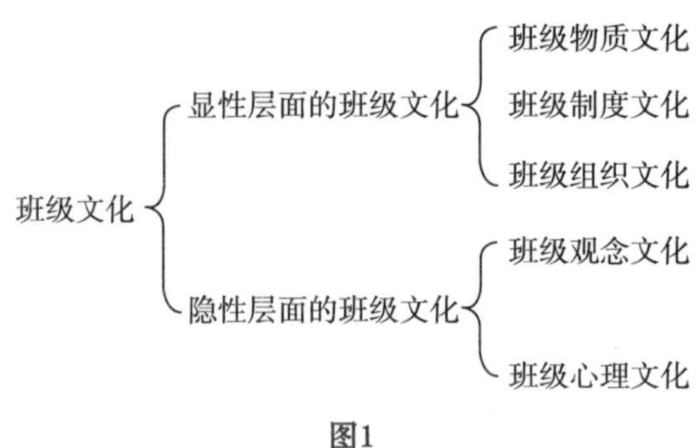

图1

按照这个表格我们来对照我们的日常班级管理，你就会发现，它包含的东西并不全面，比如说上题所提及的考试作弊就没有包含在班级文化里面。或者我们简单地举一个例子，现在大家坐在这个报告厅里面，我们会遵守一般会议的纪律，比如说手机调成静音、不能吵闹，同时，大家如果能够包容一点，会认真听我讲，还有我们这个群体中有各年级的班主任，大家对这个讲座的认识也会不一样。这些其实都可以理解为一个群体文化。但是你能说我们这样一个临时的课堂会有所谓班风存在吗？答案是显而易见的。肯定没有，所以班级文化是一个非常综合的概念。

一、班风建设的重要性

我们都知道班风建设很重要，但是它如何重要，可能还需要我们做一个简单的说明。

班风虽然是一种无形的风气，但可以通过一定的形式具象化为班级的日常行为活动而逐渐彰显出班级的内在品格，并对外体现出鲜明的班级形象，成为区别于其他班级的、具有差异化的集体符号，成为班级文化建构的关键要素。就像我们说起某某班，就会对应得出结论这个班好或不好，这个班非常团结等印象，其实就是班风的外显作用给人留下的印象。

第一，班风建设是班级管理的重要抓手。我们习惯的班级管理通常是被动式的，即发现问题—解决问题—发现新问题……班主任成为一个救火队员，陷入了不断解决问题的泥潭里。结果是班主任累得筋疲力尽，班级管理却一塌糊涂。而采用班风建设作为抓手，确定了班级风气的目标，就会出现确定班风—实现班风—完善班风……，这种管理使班主任从繁杂的班务中解脱出来，班主任更关心的是学生实现班风过程中出现的问题，班主任起到了思考者和引领者的作用。

第二，班风建设对学生的未来成长作用巨大。魏书生曾这样说过："具有优秀班风的班级像一个温馨的大家庭，同学们如兄弟姐妹般互相关心、帮助，互相鼓舞、照顾，一起长大，成熟后便离开这个家庭，走向社会。"良好的班风不仅仅是帮助学生在学习方面获得，更深层次的是对学生的思想教育的作用是巨大的，在一个良好班风的班级里面，学生的成长是全面的。

第三，班风建设能促进班主任的专业能力发展。这一点毋庸置疑，相比较不断在解决问题和发现问题的过程中成长起来的经验型班主任，班风建设需要班主任有系统综合能力，更能促进专业化发展。

二、什么是班风

班风建设既然如此重要，那么什么是班风呢？

班风这个概念其实是借鉴社会心理学概念“群体动力学”引申而来的，同时因为班级这个教育单位也是中国等部分国家才有的设置，而注重团体的精神力量也是中国文化中非常重要的一个环节，所以从1988年《国家教育委员会关于中学班主任工作的暂行规定》里面确定班主任职责开始，班风建设就随之而来。但是绝大部分班风建设是关于具体的教育经验层面，所以，对于班风我们只能大概定义：班集体的整体面貌，是班级集体中处于不同身份的成员精神面貌、思想道德、认知行为等的共同倾向和集体表现。对于这个定义，有几个关键词需要留心，一个是班集体，而不是班级，就像我们现在这个培训班可以称之为班级，但是暂时还不能称之为集体。二是成员不仅仅只有学生，还包括班主任以及科任老师。所以前面那道题目中所说的科任老师获奖，也属于班风建设的内容。

如果我们把班级日常事务做一个简单的梳理，然后按照一定的角度进行概括，班风大概主要包含有以下十几个方面：

表1

学风	学习气氛、学习态度，学习成绩、
教风	敬业精神、教师素质、课堂风气、教学质量
考风	考试纪律、遵守考纪
个体行为	言谈举止、衣着服饰、清洁卫生、文明礼貌、仪容仪表、参与意识。
个人品质	尊敬师长、积极向上、虚心谦逊、爱国敬业、心理健康、孝敬父母
物化环境	环境优美、清洁卫生、班容班貌
规章制度	管理制度、言行规范、纪律严明
集体意识	为班级争光、维护班级利益、主人翁精神。积极参加集体活动、爱惜公物
人际关系	“干群”关系、师生关系融洽、不拉帮结派
班级文化	文化氛围、班内各项活动、教师学生所获荣誉、班级形象
班级凝聚力	有共同愿景、共同进步
舆论导向	明辨是非、坚持正义、抵制歪风邪气

在这个表中，既有班级文化包含的内容：制度、文化、环境。也有比如学风、考风、舆论导向、班级凝聚力等内容。

学风方面，我们关注班级学习氛围、学生的学习态度和教师的教学质量。这就是强调说班级文化不仅仅只针对班级同学，还应该包括教师。考风是我们容易忽略的一个点，但是它在班风建设方面的影响也是不容小觑的。其他的方面都是我们常见的，比如个人行为和个人品质，我们统一为班级成员的个性特征。物化环境指的是班级的布局和环境，班级制度指的是班级系列制度。集体意识指的是班风氛围，包括集体活动的参与度。人际关系包括师生关系、生生关系、干群关系。班级凝聚力指的是班级愿景或者叫班级目标，舆论导向指的是班级的整体舆论氛围。以上方面基本包括了班级管理过程中的方方面面，其实都是我们日常事务的一部分，是我们作为班主任所需要关注的点，只是我们没有能够系统理解它们同属于班风建设这一个概念之中。

表1的内容非常实用，因为它系统地概括了班级管理的全部内容，我们在接收一个新班级的时候，可以制作这样一个表格，一一对照，用这样的一种方法来对班级建设做一个系统的规划，营造什么样的学风，用什么样的方式来达成，如何评价，这样系统思考之后，对班级的整体管理其实就能够做到预先筹划、整体构思。

如果我们还需要进一步的概括班风建设的内容，还可以进一步浓缩成班级风气、外显面貌、内在品质、成长环境四个元素，四个因素之间相辅相成、相互影响。

其实讲到这里，我想班风建设的内容大家也就基本清楚了。也基本完成了本课的第一大内容，什么是班风。

三、如何建设班风

接下来讲一讲如何建设班风。正如我前面所讲的，如果每一个点都讲到，一是我在这方面还稍有欠缺，第二是后面会有更多有经验的老师从更加微观的层面给大家一些建议。所以我只能从我个人觉得在班风建设过程中我们容易忽视但是后面的选题中没有涉及的几个方面和大家做一个沟通。

（一）谁来做班风建设

这是一个伪命题，因为班风建设肯定是班主任的重要职责之一。之所以要提，是想强化这一个观点。我们回顾班风的概念，就能够得出，班风建设其实就是你想把这个班级带成什么样。从这个角度上来说，班主任本身的素养和眼界可能就决定了班风建设的方向。曾经有人对一个市的初高中生进行了《对学生影响力情况》的调查，这个调查表最终反馈的结果是，班级老师尤其是班主任所显现出来的个人特性对班级同学成长影响是最大的，影响力达到了64.8%。这说明了什么呢？班主任的素养或者特质，很大程度上是决定了一个班级的风气的走向，这也就是我们所理解的什么样的班主任会带出什么样的班级来。我们很多班主任自身的形象特点也会映照到班级形象上来。所以，从这个层面来说，班主任在班风建设的过程中作用至关重要。

（二）从哪里入手做班风建设最好

仅仅从表1中多个维度去思考班风建设，哪些维度是我们首要完成并且重点关注的呢？同样，在国内一项关于班风建设的维度调查中，对班风建设影响最大的几个面是：学生素养、学风、干群关系、班级凝聚力、集体荣誉感。学生集体荣誉感为46.1%、学生个性特征占2.5%、干群关系占3.2%，学风影响占3.6%。

接下来从这几个方面挑选几个点和大家做一个分享。

1. 学生素养

学生素养指的是学生的个性特点：包括学生的思想品行、审美标准、心理健康程度等等。这些更多的来自原生家庭的遗传和影响，我们无能为力。尤其是我们有一个误区，就是内向的同学不会关注班级建设，而外向的同学会更热衷班级的各项事务，在一项调查表中显示，在这个调查表中更细致地列出了性格外向和内向的孩子在班级关注度上其实是没有明显的差别，所以我们可能要改变一个认识就是，学生本身的性格特征并不能决定他在集体活动中的投入程度。据此，我们要充分利用班集体，影响学生在集体生活中的个性发展。

在阿莫纳什维利的《孩子们，你们好》这本书里有这样一小段文字：在课堂上向学生问问题，一个问题是：你们生活中发生了哪些重大的事情。有一个同学的外祖母刚好去世，而外祖母是她认为家庭中唯一疼爱她的人，所以，当老师提出这个问题之后，这个女生谈及了对母亲的不满，对家庭的怨恨。然后阿莫纳什维利第二天进行了反思，在课堂上对这个女孩提了这样一个问题：你生活中发生了哪些重大而快乐的事情。女孩在课堂上慢慢地开始回忆外祖母去世后，妈妈为了安慰她而组织的家庭聚会，让她觉得快乐。

这一个案例我认为不仅仅只是一个提问技巧的问题，而是充分利用了集体这个环境，让孩子从某种个人化的情境中走出来。

另外，在《kipp，每个孩子都爱学》这本书里，提出“每个孩子都爱学”这句口号的鲍尔，班上有一个孩子整天无所事事，做着白日梦，在多次补交作业之后，鲍尔和孩子有了这样一番对话：“你没有做作业？你有三种选择，你可以换班，你可以换学校，但除了我没有人会要你。或者，你可以改变你的态度和行为，因为我不会变。你会选哪个。”学生说：“这些我都不想选。”鲍尔说：“你必须选一个，这不是快餐店，你不能想怎样就怎样，换班、换学校或者改变你自己。”然后把问题再重复了一遍，孩子不知所措，在这个过程中，鲍尔不断地变化语气，不是一味地强硬，而是让孩子感受到老师其实是对他关心的，所以，他最后选择了第三条：改变自己。然后鲍尔说，他必须用自己的行动获得老师的信任。这个故事也是在告诉我们，孩子的原生个性特点，尤其是到了高中阶段很难改变，但是集体生活中，孩子生活环境的变化，如果加以正确的引导，也还是会有一些正面的作用的。

2. 学风方面

在学风方面，我想提醒大家关注学习氛围的营造，我们经常谈学习氛围要浓厚，但是我们很多时候是把关注点放在了学习的一些后段结果的处理上，比如说课堂纪律、作业交付情况，而很少关注班级同学的整体学习环节。如果说学生的主要任务是学习，那么班主任在学风建设方面主要任务应是把牢学习环节。这个主要任务可粗略分为：

（1）学习环节。包括：预习、听课、笔记、自习、复习、作业等。对这些重复不已的常规学习环节，班主任一定要节节把牢，既要予以方法指导，又要坚持四项检查：查上课出勤、查听课笔记、查学生作业、查学生自习。

（2）考试环节。首先是抓紧迎考复习，实现学习精神上的“战略转移”；其次是做好考前动员，重申考场纪律，培养优良考风；再次是严格考场管理，坚决杜绝舞弊；最后是考后总结，分析成败得失，以利再战。这些常规工作我们也都有在做，但是如果不把它放在班风建设的系统里面来，就会变成头疼医头脚痛医脚的短期行为。

3. 学困生的管理

还有一个学风关注点就是学困生的管理问题。很多时候对学困生采取的教育方法是处罚教育方法，但这些方法必须考虑到学困生的实际接受能力，适合他们的身心特点。学困生缺乏学习兴趣，学习成绩很差，因此，他们学习的积极性是班主任工作的重点，我们可以制定一套奖励学习的方法，并得到了班会的通过，具体内容是：考试设立跃进奖，与上一次考试比较，名次上升的学生给予奖励；这一奖励办法，既承认同学间客观存在的差异又给每一位同学提供了获奖的机会。

作为班主任要有敏锐的观察力，及时发现学生身上的闪光点，哪怕这些优点不稳定，仅仅是一点苗头，也要加倍爱护和扶持，激发学生的上进心。

严格要求。对学困生要严格要求，诚恳地批评他们的缺点，并努力帮他去克服，不可一味地迁就姑息。对学困生更要有博爱之心，要关心爱护他们的学习、生活，也只有这样，才能真正地了解他们心里到底在想些什么。

4. 班级凝聚力

如何能够提升班级的凝聚力，简单来说就是提升班级成员对班级的黏性。后面有老师专门会讲与科任老师的沟通，我想就同学对班级的一种黏性行为做一个简单的说明，就是我们的常规管理。

比如说班级的文化布置、班级的卫生。可能大家都会觉得，这个东西怎么就上升成了班级凝聚力的层面呢。我们举一个例子，例如，有一个班级，桌椅、讲台、黑板等教学设施陈旧，班级墙壁掉灰、窗帘架损坏、窗户密封不好等基础设施老化。面对这样一个破旧的班级，学校刚好又布置了班级文化建设环境布置的评选活动，你会怎么做？肯定是纠结班级布置“做不做”和“怎么做”。一方面觉得意义不大，另外一方面觉得基础太差，做的效果很差。

可想而知，停留在这一层面的班集体是无法获得喜人的成绩的，评选活动也就变成了应付性质的班集体任务了。这个想法所暴露出来的是班主任对班集体的一种不信赖，另外一个问题，从班风建设的角度出发，本身班级管理者思考的问题的范畴就已经有偏差，班级布置既然属于班风建设层面，就不应该停留在“做不做”“怎么做”的表面问题上，更不宜给予自己心理暗示，而应该看到“为什么做”的深层影响。

班级设施和建筑设施都是外在物质，既然是物质就有着自然变化，变好或者变差，这个可能是我们很难控制的，但是对待物质变化的态度是可以积极正面的。所以，应该从班级布置活动中看到班级外在物质变化能够让学生产生对班级的一种正面的趋向力，这种趋向力其实就是一种班级凝聚力，如果我们在班级管理的常规各项要求中都能像这样去思考，我们就会发现常规，就有了去做的意义，学生也才能得到正确的价值观引导，对班级产生更多的自豪感和更强的黏性，才能促进班级凝聚力。

5. 集体荣誉感

在班级集体荣誉感方面，我想就班级组织活动和大家做一个简单分享。

我的建议是大家一定要多组织学生参加活动。但是现实情况是，学校活动即将举行，我们很多班主任是拒绝的，原因无非是影响学生学习时间，或者说我们班没有这一类的人才，才会出现对活动的不置可否的情况。但是我为什么要建议大家多组织班级参加一些集体活动？因为集体活动其实是在提升班级同学的非智力因素。班级同学个体的智力因素是一个较为恒定的、不具突出的后成性因素，正如前面所谈到的，这些是取决于原生家庭的影响和遗传。既然智力因素我们很难在短时间内做调整，那么我们更应该注重受教育者整体素质的提高，以及积极向上的人生态度，良好的沟通能力，坚强的抗挫能力等非智力因素的培养。

很多著名的科学家，如爱因斯坦、达尔文、和大诗人海涅，这些人上中学时，智力因素并非超群，可是他们却成为举世无双的杰出人物，就是非智力因素所为；相反那些在学校总是拿到不错成绩的人，有些走入社会，却难以融入，要么与工作单位领导闹矛盾，要么自视清高与大家接触很少，工作效率不高，这也是非智力因素所为。

显然提高学生的素质就要提高学生的非智力因素。因此，班主任应尽可能地为学生组织各种活动，创设情境、激励学生抓住每次机会，积极参与，让学生在活动中体验，在体验中感悟，在感悟中成长，成长为健全人格的人。把非智力因素的培养放在班风建设非常重要的一个方面来看，我们就非常有必要积极组织学生参加各类活动。如果我们想清楚了这个问题，你就知道每一个活动其实都是一个教育契机，是一个孩子成长的必须经历。正如陶行知先生所说：“先生不应该专教书，他的责任是教人做人。学生不应当专读书，他的责任是学习人生之道”。

除此之外，在学生的班级荣誉感的培养方面我建议：一，通过让值日班干部完成每周班级管理的总结，尤其是那些需要改进的事情，值日班干部最好是轮流制，这样就能让每个同学都能够深度参与到班级事务中来。二，让班级同学自发的组织一些活动，比如说举行班级篮球赛，或者周末小型聚会。三，要大力宣传集体活动的价值和意义，正如歌德说：不管努力的目标是什么，不管他干什么，他单枪匹马总是没有力量的。合群永远是一切善良思想的人的最高需要。同时积极组织同学们参加集体活动。因为一个班级的集体荣誉感其实就是从集体活动中来的。

6. 干群关系

这个干群关系，其实是指班干部和其他学生的关系。班主任在管理班级过程中，需要做的事情如果全部进行一个梳理，简而言之就是关系。正如“关系大于教育”这是钟杰老师在她书中提出的观点，她这里的关系，指的是和谐的师生关系。当然，她这个观点的提出，是有具体语境的。而我们最为棘手的应该就是班干部和同学的关系，走近了容易形成圈子，得不到有效信息，走远了容易产生管理矛盾，班干部管理落实不到实处。所以，如何协调好班级干部和同学的矛盾，也是对班级文化最为重要的一环，所以，在实际的班级管理过程中，要积极协调好班级的班干部和群体同学的关系，有以下几个建议可以给大家：

（1）实行学生干部的轮岗制度。实行干部轮岗，可以让更多的学生实现想当干部为大家服务的愿望，得到平等的锻炼机会培养他们的主体能力，发挥他们各自的长处，同时也能适时转化角色，让他们产生更多的同理心，这样就能更为有效地解决干群矛盾。

（2）构建班干部的激励措施。为鼓励班干部积极参与班级管理，并且能够创新班级管理，可以在德育活动自主化方面采取一些措施，比如设立德育活动设计奖、干部自主管理奖等有关奖项。

四、结束语

教，说文解字的解释为：从支从爻，所谓的pu支，是指，拿着竹竿轻轻敲打，所谓yáo爻，效此者也，联合起来就是：上所施，宽严相济、下所效也。班风建设其实就是教的过程。而且良好班风的建设，不是一朝一夕的事情，不是一两次教育所能奏效的，而是一项长期的、经常的、细致、复杂和艰苦的工作，是长期的教育和师生合力共创的结果。

如何开展网络素养教育

深圳市观澜第二中学 姚花容

家长A：“老师，我们家孩子回来总喜欢抱着手机，一说他就发脾气！”

家长B：“老师，我把孩子手机没收了，他今天跟我闹脾气不愿意去上学！”

家长C：“我们家孩子因为手机问题，已经跟我们冷战几个月了！”

孩子对电子产品（手机、电脑）的依赖问题（网瘾），已经逐渐成为每个家庭难以解决的孩子教育问题的顽疾，管理无方、处理无效，甚至是处理过程中因为措施不当而引发了一系列的家庭矛盾、更甚者是家庭惨剧——网络真的如此可怕吗？真的可以把孩子和网络隔绝吗？该如何正确地引导孩子利用网络为自己服务？我认为问题的关键是要提高家庭的网络素养教育。尤其是初中阶段，孩子们的成人感增强，处在道德品质成型的关键时期：世界观、人生观、价值观正逐步形成，提高孩子的网络素养，形成正确的、健康的网络观，有利于孩子们的终身发展和健康幸福。

一、何为网络素养

网络素养教育，指的是网络使用者应具备的网络素质及道德规范，未成年人及成年人应具备的网络信息辨别能力，网络规范、道德修养、网络素养教育的整体规划和知识，理性地运用网络信息为自身和社会的发展服务。当今社会正处于第三次科技革命“信息时代”，向第四次科技革命“人工智能时代”的过渡时期，互联网+、自媒体、大数据等背景下，网络素养是每一个网民必须具备的基本素养，这是保护个人隐私和生命财产安全、维护社会稳定和国家主权安全的一门必修课。

二、为何要提高网络素养

相关机构2016年调查数据显示18岁以下青少年网瘾的比率，中国：14.6%，美国：8%。很多人看到这个数据，只是会感慨青少年网瘾的严重性和恐怖性，却没有静下心来思考这么两个问题：为什么中美差异如此之大？为什么要重点关注孩子的网瘾而不是成人？从第一个问题来看，美国的电子产品和网络技术在2016年前应该是要比中国发达，其青少年网瘾的比率却远远要低于中国，一个重要的原因就是他们对于网络的态度不同，并且从小开始进行网络素养的教育。而对于第二个问题，告诉我们：网瘾作为一种病症，是以后果而不是症状来进行判断的，青少年网瘾带来的危害更加明显，也再次提醒我们应该用积极的心态来看待网络电子产品，让它们成为孩子们健康成长的助力。

（一）电子产品可以促进亲子互动，培养孩子的情感技能

初中时期，随着孩子们成人感的增强，与家长的分离也日益明显，很多孩子开始沉稳、封闭起来，利用网络技术和电子产品进行沟通交流，成为现代很多家庭沟通的重要方式甚至是主要方式。它能把彼此难以用直面言语表达的情感，用文字、语音、视频的方式表达出来，更有利问题和情感的沟通。

（二）吸收电子游戏的积极要素，可以为生活注入活力

电子游戏能吸引人，主要有四个要素：与能力相对应的挑战、具体而明确的目标、清晰的规则、及时的反馈（奖励），这些要素能满足孩子的规则感、成就感、亲密感和安全感。如果我们把这些要素恰当地放到孩子的学习中来，制定符合孩子能力的学习目标、帮助孩子形成学习的好习惯、及时对孩子的进步进行意外的反馈和奖励，孩子的学习一定能长足进步。

三、如何提高网络素养

由北京师范大学新闻传播学院和光明日报智库研究与发布中心联合主办的“京师中国传媒智库发布平台”发布《2017青少年网络素养调查报告》，在分析总结青少年网络素养现状的基础上，提出：良好的亲子关系显著影响青少年网络素养的培养。在家庭属性中，上网设备数量、与父母亲密程度、与父母讨论频率对青少年网络素养有显著的正向影响。

（一）构建和谐的亲子关系

随着小升初人际关系的变化、学科科目的增加和难度的加大、学习环境的变化及青春期的身心变化，很多孩子不太愿意展露和分享心事。被认可、尊敬、接纳是每个人内心尤其是孩子内心最强烈的需求与渴望，孩子沉迷电子产品是他对亲密感、安全感、成就感和规则感的需求。健康的家庭功能可以减少青少年病理性互联网的使用（徐夫真、张文新，2011年）。

1. 与孩子建立亲密的链接，构建和谐温馨的家庭环境，给孩子足够的安全感和亲密感

多创造与孩子的链接：亲子阅读、运动、电影、聊天、游戏等等，有效的陪伴是构建和谐亲子关系的关键法宝。最终决定内心是否有充足幸福感的，是我们与周围人的关系。作为父母，能给孩子最好的教育，就是关系的教育。

2. 多鼓励孩子，对孩子进行优势训练，培养孩子的成就感

要用成长性思维去看待和评价孩子，要善于发现和利用孩子的优势去鼓励孩子，而不是简单的夸“聪明”“真棒”，也不要简单地用结果来评价孩子，更应该关注孩子在完成事件中利用了哪些优势、并把这种优势夸大、强化，形成孩子的优势习惯，才是真的有利于孩子成长。《优势教养》的作者莉·沃斯特提出了著名的优势发展公式：优势发展=能力×努力，而教育就是要帮助孩子充分发现、发挥、培养自己的优势。

表1

步骤	方法	说明
觉察优势品质	不断觉察自己的孩子具有哪些品格优势，最好在家里贴一张优势海报，把孩子的优势写下来，让这些优势不断强化。	六大美德24项积极心理品质：一、智慧和知识：创造力、好奇心、开放思想、热爱学习、有视野（洞察力）。二、勇气：真诚、勇敢、坚持、热情。三、仁慈与爱：友善、爱、社会智能。四、正义：公平、领导力、团队精神。五、修养与节制：宽容、谦虚、谨慎、自律。六、心灵的超越：审美、感恩、希望、幽默、信仰。
打开优势开关	和孩子一起分析，完成一件具体的事，可以利用他的哪些优势？这些优势可以帮助他解决什么具体问题等。	家长要不带任何评判的态度来科学分析孩子的优势，并指导他怎么去利用这些优势。
强化优势	事情结束后，和孩子一起总结他的哪些优势帮助他解决了问题，以后还可以利用这些优势来解决哪类问题等等。	通过不断强化，养成孩子的优势习惯，树立自信、自立的人生态度。

（二）科学上网有妙招，培养孩子的规则感

第一步：自身觉察，积极看待问题。我玩手机吗？每天玩多久？因为什么玩手机？玩手机时是什么感觉？我每天花多长时间陪伴孩子？在陪伴孩子的时候我做了什么？孩子玩手机吗？每天玩多久？因为什么玩手机？孩子花多长时间进行体育运动或者其他业余爱好？

第二步：通过反思、思考改进策略。我怎么看待孩子玩手机问题？我们玩手机的行为会对孩子产生怎样的影响？高质量陪伴孩子我们可以做些什么事情？

第三步：家庭会议，制定行动策略。采用不评判、不拒绝、不分析、不否定的方式进行家庭头脑风暴，共同制定电子产品和网络使用的时长和次数，商讨高质量陪伴孩子的攻略，规定家庭时间（聊天、游戏、运动、户外活动、用餐等）等。

第四步：训练孩子的自控力——延迟满足法练习。延迟满足是指为了长远的、更大的利益而自愿延缓或者放弃目前的、较小的满足。在对电子产品的使用上，可以和孩子拟好君子协议，比如孩子要求每天自由使用手机15分钟，我们可以先同意他的决定，也可以建议孩子如果周一至周五不使用手机，那么周六日可以每天自由使用一个小时，让孩子自己做选择。如果孩子坚持自己的决定，每天孩子归还手机时，可以适当引导，比如：有点不情愿还吧？觉得还没有玩够？我也觉得15分钟没有一个小时好玩，一个小时可以玩几局游戏了，你不考虑一下第二种方案——如果孩子能每天不受诱惑，只玩15分钟，对孩子影响不大，达成了控制的目的；如果孩子选择第二种方案，我们可以提供第三种、第四种方案（比如一个星期就玩一天，可以上下午各两小时等），直到孩子能有效地控制自己使用手机，不对学习产生更大影响为止。

图1

现代学校班级新型教育管理方式

——家班共育

深圳市龙华区教育科学研究院附属学校　徐玉华

在基础教育中，学生的学习状态普遍存在一种现象：5+2=0，即五天在学校的教育抵不过周末两天家庭的影响，让学校教育功亏一篑。细究之下，我们不难发现产生这种现象源于学校教育与社会现实生活、家庭教育的严重脱节。

那么，如何让“5+2>0”？学校和家庭的教育一致时，才能让教育产生最大效益。教育家苏霍姆林斯基也曾说过：“教育的效果取决于学校和家庭教育的影响的一致性，如果没有这种一致性，那么学校的教学、教育过程就会像纸做的房子一样倒塌下来。”笔者在实践中摸索总结了现代学校班级新型教育管理方式——家班共育。

一、家班共育的必要性

在“互联网+”的网络时代中，班主任越来越意识到，学生综合素质的提升，仅仅靠学校教育是很难实现的。孩子的教育不能只靠学校来完成，家庭才是孩子终身教育的场所。家庭教育对一个人的启蒙、成长、成才有着不可估量的作用，家长的人生观、道德观和价值观都会对孩子成长产生极为深刻的影响。家庭教育是学校教育的延伸和补充。家庭与学校是青少年成长最主要的两个场所，家庭必须与学校一起共同承担起青少年的知识进步、人格塑造、情感培养、意志养成以及人生观、世界观、价值观形成的责任。

《义务教育学校管理标准》提出，要“建设依法办学、自主管理、民主监督、社会参与的现代学校制度。拓宽师生、家长和社会民众参与学校治理的渠道，建立健全民众管理制度，构建和谐的家庭、学校、社区合作关系，推动学校可持续发展。”苏霍姆林斯基曾经说过，缺少家庭教育或学校教育的任何一方都是不完整的教育。所以学校特别是班主任应该重视家庭教育对学生发展的影响，应该加强与家长的沟通联系，让家长参与融入班级的教育管理中，真正实现家班共育，提升孩子的综合素养。

二、家班共育有效途径

（一）巧用网络，构建无界教育

科技的进步，网络的发展，为教育提供了便利。要充分利用网络平台服务班级管理。比如利用班级QQ群或微信群将学生在校表现、考试成绩、作业布置、通报表扬等发送给家长了解，也可以通过“校讯通”点对点汇报孩子在校情况。家长会根据老师的反馈及时跟孩子进行沟通教育，在实际的教育过程中，我观察到家长长期关注群里动态并及时教育孩子的，孩子的行为习惯明显比较好，成绩的提升也是显而易见的。家长也可以在群里交流经验或提出一些建议，帮助老师更好地调整教育方式方法，促进学生健康成长。

对需要家长配合的学校各项工作安排或班级开展的活动，如少儿医保的缴纳、家长会、中考报名等信息也应及时发到群里，家长们看到后都会积极配合完成相关工作。老师也不必一个个打电话浪费时间，学生也不会因为忘记跟家长说导致工作难以按时完成。

平时多拍孩子在校学习生活、开展活动的照片，或录制学生课堂表现、课间活动、校园生活的视频，制成精美的成长相册，记录孩子的成长过程，然后发送到群里或微信公众号，分享给家长。家长们都会下载保存和收藏，作为见证孩子成长的美好回忆。家长们都很感激老师的良苦用心，这种做法能更好地吸引家长关注群里信息，参与孩子的教育，也有利于提高家班沟通的效率。

家长的素质参差不齐，为了提高家长素质，实现教育思想的一致性，班主任可以经常在群里分享名家先进教育理念、青少年心理健康维护、教育故事和各类教育性文章。很多家长学习后会去实践，不断转变自己的教育方式方法，了解孩子青春期生理心理反应，更好地帮助孩子顺利渡过叛逆的青春期。家长的配合，也减轻了班主任的教育压力，使之能更好地投身教学活动中去，学生成绩提高也有了保障。

（二）请进来，走出去，搭建信任的教育桥梁

为生计奔波的家长很难有时间跟老师面对面交流，互不了解，有时难免会有对对方工作不理解的地方，解决这个问题最好的方法是家访。孩子在家与在校的表现往往是不一致的，家访也可以更好地了解孩子在家的学习生活情况。老师在与学生、家长交谈的过程中，让家长了解孩子在学校的表现，比如任课老师、班里同学对孩子的了解和评价等。通过家访真正将老师、学生、家长思想统一起来，形成教育合力。

与家长的互动形式还可以是召开家长会。一般来说，学校每学期都会召开一到两次家长会，班主任可利用这难得的见面时间跟家长介绍班级管理情况，沟通班主任的管理理念，希望家长能理解班主任平时的一些做法，而不要听信学生的一面之词，对老师产生误解。同时在家长会多表扬学生的优点，留下个别家长谈孩子学习出现的问题。有时也可以把家长会升级为家长沙龙或家长交流会，让家长成为主角，交流自己在教育孩子中好的做法和遇到的教育难题。班主任则以家长的身份参与讨论，也讲讲自己在孩子教育方面的一些好的做法，并给家长推荐一些家庭教育方面的书籍，如《叩开孩子心扉的艺术》《哈佛家训》《不吼不叫培养好孩子》……不同形式的与家长见面交流，逐渐构建易于沟通的值得信任的桥梁。

（三）转化家长角色，营造综合育人氛围。

家班共育的过程中，学生家长可从三个方面参与班主任的教育中来，让家长感受做老师的辛苦，融入班级活动中，真正陪伴孩子一起成长。

1. 家长参与课堂教学，担任家长教师

班主任可从学生家长履历中筛选具有专长的高层次人才，邀请他们来班里给学生开讲座，上一节班会课。有的家长是交警，班主任就利用班会课连着自习课的时间，邀请这个家长来给学生讲交通知识，同时邀请了比较有空的家长参与第一节课的旁听和第二节课的现身说法。有家长是眼科医生，就请他来讲讲眼睛的结构和如何预防近视。有家长是专门从事花卉行业的，也请他来学校讲课，给学生讲讲花卉知识和常见几种室内盆栽的种植方法，没想到学生特别感兴趣，每节课讲完孩子们都掌声如雷。还有家长推荐他的消防员朋友，让他来给学生讲讲防火灭火、火中逃生的安全知识……家长们把课本之外的广阔世界带到孩子们身边，让学生感到新鲜也增长了知识，有的还会影响他们未来的职业规划和选择。家长们上完课也都感觉当老师不容易，对老师的工作也更理解、体谅了。这样的家长课堂既拉近了家长与学生的距离，也拉近了家长与老师的距离，是家班共育的好渠道。

班主任还可邀请热情的志愿者家长参加班级的监考工作，让他们看看孩子们在考场的表现。有时也请家长参与客观题的评卷和统分等工作，这些活动都增进了家长对孩子在校表现的了解，也感受到了老师工作的认真负责，让家长对学校对老师对孩子更放心。

2. 家长参与社团活动，开设活动课堂

学校要求年级每个学期都要开展不同的课外活动课，主要由本校老师上课，但我们有特长的老师有限，文体老师顾不过来，这时推荐有特长的家长参与社团活动也是不错的选择。记得在朋友圈发现有个家长参加公司组织的羽毛球比赛中获得单打第一名，于是我就联系这位家长抽空来为学生开设羽毛球课，这位家长手把手用心教学生发球、接球、扣球等技巧，学生很喜欢上羽毛球课。有个学生说妈妈有家传剪纸的手艺，于是就邀请这位家长给孩子们开设剪纸的活动课。跟家长接触多了就比较知道哪位家长有什么专长，利用家长资源，开设校本活动课程，不失为家班共育的好方法。

3. 家长参与班级管理，做好后勤保障

接新的班级，召开家长会时班主任可以请家长们给初定的班级管理制度提意见和建议，既让家长参与班级管理，也让家长熟悉班级的各项规章制度，方便今后教育孩子。另外班主任还应牵头组建班级家委会，让家委会负责今后各种费用收缴和各类活动报名统计等工作。家委会还配合班主任做好学校的大型活动如每年的校运会和社会实践活动的后勤保障工作。很多家长都会在参与班级管理、服务学生中拍学生的活动照片，上传到群里与其他家长共享快乐时刻。有些家长为减轻班主任的工作，还主动帮老师制作美篇，班主任再转发到公众号资源共享。家长参与班级管理，分担班主任的工作量，老师感恩家长，家长感激老师，关系融洽，合力教育，更有利于孩子健康快乐成长。

总之，消除5+2=0的怪圈，需要的是教育途径的统一性，包括学校和家庭教育方式的一致性，教育理念的一致性，教育过程的一致性。老师和家长要重视家班共育的新形式，让学校教育和家庭教育更好地融合统一，形成教育合力，共同推进学生综合素质的提升，助力学生健康成长。

参考文献

［1］郭晓倩. 家校共育：基于素养教育的校本探索［J］. 江苏教育研究. 2019（402-403）：30-31.

［2］林建霖. 市场经济大潮中学校教育与家庭教育的沟通［J］. 教育评论. 1995（4）：63-64.

探析中学生生涯规划教育中家校合作模式的运用

深圳第二外国语学校　金谷榕

中学生生涯规划教育的目的是引导学生在家校合作模式中认识自己和认识职业、认识教育与职业的关系，学会把兴趣转变为学科优势、职业兴趣和事业追求，在学业选科决策和专业填报时能够有的放矢，去实现自己的职业目标。新一轮的课程改革和高考改革最大的亮点是尊重学生的个体差异，增加学生在选课、考试、专业上的自主选择权，这迫使学生必须具备自主选择、自我规划的意识和能力。在这种高考改革的浪潮下，中学生将要面临选课、选考、选专业、选大学等一系列重要的“选择题”，也会有不少困惑，遇到各种难题，其中家校协作是中学生生涯规划中非常重要的一环。发挥家校合作的重要作用，可以更好地推动中学生生涯规划教育的开展。

一、中学生生涯规划教育中家校合作的必要性

高中阶段的学生都面临着课程和学科方向的选择，这个选择影响着他们今后的教育和职业生涯所能获得的机会，并且会影响到他们未来心理健康和社会接受程度。在这个“选择”上，家庭的影响力是不可忽视的。家庭是青少年生活的重要场景，为青少年的职业生涯探索提供重要的资源，并潜移默化地对青少年的职业认识产生影响。

（一）家庭社会经济地位与生涯选择

家庭对于子女生涯选择的影响是多方面的，其中家庭社会经济地位被认为

是一个不容小觑的因素。在特定经济条件下，集体主义文化背景下的家庭，子女的生涯选择是基于家庭整体福利最大化的考虑。此外，家庭社会经济地位是与父母从事的职业密切相关的，父母对于职业的态度和行为也会对子女的生涯规划产生潜移默化的影响。

（二）父母期待与生涯选择

中国传统文化是以儒家为主流的。在孔子的思想里，家是具有集体主义和孝道这两个重要的理念。集体主义文化下青少年容易在生涯规划中接受父母的期望与指导。“望子成龙”“望女成凤”的渴求与行动，被描述为“像烙印成为华人的集体意识”，如“遗子黄金满籝，不如教子一经”，“子孙贤则家道昌盛，子孙不贤则家道消败”表明了中国古代对于子女教育重要性的认识。在中国古代关于职业发展的记载中，亦强调了父辈的重要性。管仲的“士之子恒为士、农之子恒为农、工之子恒为工、商之子恒为商”隐约展现了职业传承自然性的观点，“少传家学”“少传父业”“传业子普，普传子承”“子孙传学不绝”，则更直接地反映了在个体职业发展中父母对于孩子的影响。

（三）家庭氛围对生涯发展的影响

从空间的维度上进行分析，整个家庭教育活动并不是仅仅局限于我们的家庭住所，它真实的运行空间甚至可以扩展到整个社会。和相对时间、地点关系都固定的校园与师生之间的互动来说，在家庭中的教育更加生动形象，深度也更广。另外，家庭教育不受时间的约束，可以发生在任何时刻，也不会受固定的空间限制，因此它很好地将时间的相对自由和空间的相对广阔有机地结合在了一起，这样的结果便是整个家庭教育更加有内涵，更加积极，对孩子的影响也最深刻。其中温暖、亲密的家庭氛围能够增强子女生涯探索的动机和信心。家庭是青少年积极开展生涯探索的重要动力来源。在不同的家庭教养氛围下，对父母亲依恋中的信任、沟通或疏离都对生涯选择有直接的影响。

二、中学生生涯规划教育中家校合作的主要途径

（一）建立长效机制以推动对中学生的教育中家长的参与及合作

家长以支持者的角色参与孩子教育是家长参与学校教育的传统模式，也是最常见的模式。现阶段家长对中学生生涯规划教育的认知水平总体不高、不平衡的特点比较明显。

在家庭教育方面，大部分家长还缺乏职业发展教育的意识，要么对孩子要求单一，一切围绕“好好学习”，不重视发展孩子的多种素质和特长；要么虽然重视孩子的兴趣和特长，但缺乏这方面的知识和指导能力，多停留在提高综合素质的层面，并没有长远考虑过孩子的职业发展；一些家长意识到了这个问题，但却不知该如何去教育和引导。在这种情况下，笔者认为可以通过以下几种方式提高和增强家长的生涯规划意识：一是定期召开家长座谈会，听取家长的意见反馈，引导家长参与学校的职业指导工作；二是利用在线教学资源等多种方式引领家长重视生涯规划教育，三是发展家长学校，促进亲职教育发展，并以相应的校规加以落实，明确规定家长每年参加相关培训的课时数，并将其列入学校对学生的考评体系当中。

（二）中学生生涯规划教育课程的开发和建设融入家长的力量

近年来，家校合作中家长角色的新观点是家长成为学校教育的伙伴和自愿参与者。可以通过以下几种方式，邀请家长不同程度地参与中学生生涯规划教育课程建设的开发和建设。

1. 职业体验课程

学生根据学校安排，利用寒暑假跟随体验父母的职业或者自己感兴趣的行业，完成职业体验日志和生涯人物访谈报告，开学后利用班会课进行职业体验交流和分享。

2. 职业领航课程

通过对年段学生职业兴趣调查数据分析，了解学生志趣相对集中的职业，分别邀请该职业的家长开设职业领航报告会。学生根据自己的需求进入相应专场聆听报告，了解不同职业的职业特点、入职门槛、薪酬待遇、发展空间等问题。每个班级也可以根据本班级的学生需求，邀请家长到班级开设职业领航讲座。

3. 生涯介绍微课程

聘请有能力的不同领域的家长作为职业导师，录制8—10分钟的职业介绍微课，通过积累逐步建立和完善比较丰富的生涯课程体系，满足学生的个性化需求。

4. 职场开放日课程

学校每年设置一天为职场开放日，邀请不同职业的家长到校与学生面对面交流。学校将不同的教室分设成不同的职业分享场所，每一分享场所由相同职业里若干不同职位、不同职务、不同职责的家长组成行业专家团队，接受学生的咨询。这种一对一的交流有利于更好地解答学生的不同困惑，在不断强化“职业理性”的过程体验个性化中进行生涯规划教育。

（三）中学生生涯规划教育课程建设纽带，设立家长代表组织

家长对学生的身心发展有很大的影响，每个学生的性格、能力、兴趣等情况也是家长最了解。家长可以成立自发的组织，如家长代表会，组织家长更好地配合学校的职业理想教育工作，充分发挥家庭的作用。一方面，家长代表可以与学校合理协商，组织安排部分家长参与学校的职业指导工作，加深家长对学校工作的支持和理解，发挥有特长的家长的作用。另一方面，家长代表可以反馈学生和其他家长对学校职业理想教育工作的要求和建议，与学校的教育工作实现“阵地共有、资源共享”，成为联系学校和家长的纽带。

父母对于高中学生生涯发展的影响被广泛认可，却又在大量实践中被忽视。父母对于学业的过分强调及对生涯规划的不重视，会导致高中生对于生涯规划同样采取忽视甚至反感的态度。所以正确地引导家长发挥在中学生职业生涯规划中的作用，干预父母生涯发展理念和行为，发挥家校合作在生涯教育中是十分有必要的。

参考文献

［1］KIM M. Family background，students' academic self-efficacy，and students' career and life success expectations［J］. International Journal for the Advancement of Counselling. 2014，36（4）：395-407.

［2］GUO K. Ideals and realities in Chinese immigrant parenting：Tiger mother versus others.Journal of Family Studies［J］. 2013，19（1）：44-52.

［3］石成金.《传家宝》.卷 5《教子》［M］. 长春：吉林出版集团有限责任公司，2011：62.

［4］《国语》.《齐语》［M］. 北京：中华书局，2013：18.

［5］Guo. K. Ideals and realities in Chinese immigrant parenting：Tiger mother versus others. Journal of Family Studies，2013，19（1），44-52.

对班主任工作中“度”的思考

深圳第二外国语学校　杨玲玲

班主任是班级工作的直接管理者，是学校、家长、学生沟通的纽带，是德育渗透最关键的一环。正是由于班主任工作的复杂性和特殊性，导致这一群体经常会面临各种选择，并处于各种矛盾之中。至今我仍记得初任班主任时的焦虑与困惑，那时的我将所有的心思都放在班级事务上，事无巨细必躬亲，唯恐不周。但是学生却反映他们总是担心达不到班主任的要求，压力颇大，犯了错误更是诚惶诚恐、惴惴不安。时隔三年，再次承担班主任工作的我对处理事情的尺度上做了一些调整，教育效果和师生体验上都有了很大的提升，现将我的思考总结如下：

一、“规则”与“人情”的度

初任班主任时，因为调整学生座位遇到了一些问题，我不得不思考班主任工作中“规则”与“人情”孰轻孰重。为了体现公平原则，我采用隔周轮换制调整座位，保证每个学生在一个学期内有机会坐到班级任何座位。但有家长因孩子视力不太好，向我提出让该学生坐在前面一排，不参与轮换的请求。这个请求能否答应呢？站在人性化管理的角度，当初的我认为是可以的。但之后我发现提请求的学生和家长开始多起来，坐在侧边位置的学生说黑板反光导致看不清老师的板书；身高矮一些的学生反映被前面同学挡住了视线；坐在空调口附近的学生反映空调风吹得头痛；有家长说自己孩子自控能力差，能不能坐在讲台下面的位置……

这件事情让我意识到：在班级管理上“规则”应该放在第一位。现在的我会这么处理：让视力不太好的那个学生去配一副合适的眼镜；让侧边的学生上课时拉上另一侧的窗帘或者挪动一下椅子；让身高矮一些的学生调整自己桌椅的高度；让空调口附近的同学监督空调的风速和温度；引导自控力差的那个学生正确认识和分析自身存在的不足，教他养成良好习惯的方法，逐步培养自律能力。若通过这些方法还是无法解决某些问题，如因高度近视实在没办法坐在最后一排，可以向同学们说明情况，鼓励学生发扬助人为乐的精神，让学生自由协商后将解决方案报给班主任。胡适说过“一个肮脏的国家，如果人人讲规则而不是谈道德，最终会变成一个有人味儿的正常国家，道德自然会逐渐回归；一个干净的国家，如果人人都不讲规则却大谈道德，谈高尚，天天没事儿就谈道德规范，人人大公无私，最终这个国家会堕落成为一个伪君子遍布的肮脏国家。”

二、“集体”与“个体”的度

学校是以班级为单位进行管理和考核的，所以奖励和惩罚往往会对应班集体而不是个体。一直以来，我觉得“集体等同个体”的这种模式是理所当然的，它即可以增加学生的集体荣誉感，又可以增强班级凝聚力。可是有一次课间操使我陷入深深的沉思，任何时候集体都能与个体画等号吗？

事情的起因是站在后排的部分男同学做操不认真，嬉戏打闹，还有个别同学姗姗来迟。课间操结束后，整个班级被负责课间操的老师留下来罚跑步3圈。罚跑之后，几个女生找到我，向我表达了她们的不满和委屈：“老师，我们很认真地做了操，为什么也要被罚？”我本来想回答“因为你们是一个集体”，话到嘴边又咽了回去。因为这个回答与“连坐”的逻辑是相似的，用全班的舆论力量来教育不遵守纪律的少部分学生。这种方式会使惩罚缺少公平性和针对性，其教育效果也大打折扣。如果任何时候都将集体等同于个体，就在无形之中剥夺了学生的主体地位，否定了塑造个人价值的重要性。

再次担任班主任，在一次跑步活动中我又遇到了类似问题。部分学生无故缺席，导致班级学生人数不齐。活动组织者当场宣布人数不齐的班级在活动结束后需要多跑2圈。吸取上一次的经验和教训，这次我先给参与跑步的学生拍照以确定缺席学生的名单，同时向活动组织者申请利用晚自习时间组织缺席的学生完成他们的罚跑。这种处理方式得到了在场学生的支持，缺席的学生发现用这种方式不能逃脱掉跑步，以后他们也按时参加每一次跑步活动。如果任何时候都将集体与个体画等号，久而久之遵守纪律的学生会觉得不公平，犯了错却总是免于受罚的学生会更加肆无忌惮，“不患寡而患不均”，个体心理上的不平衡必然会导致集体凝聚力和竞争力的丧失。

三、“收”与“放”的度

初次担任班主任时，不管事情多么琐碎我都会一一去落实。比如临近考试需要布置考场，我会详细地告诉每个学生课桌摆放的位置，安排学生扫地、拖地、整理讲台、贴座位号，甚至如何在黑板上书写考试时间、科目、考试提示语。没有被安排任务的学生就不耐烦地等着，不断的催问能不能让他们早点回宿舍休息。那时的情形有点像教育改革家魏书生先生描述的样子“忙得不可开交，焦头烂额。学生或是莫名其妙，或是手足无措，或是紧张焦虑，或是隔岸观火，帮不上忙，也不会帮忙，结果，按下葫芦起来瓢，效果甚低，最后集烦于一身，集怨于一身”，如何从繁多的事务中解放出来？这涉及到放手的艺术。

有一次同宿舍的5个女生发生了矛盾，哭声争吵声谩骂声一直持续到凌晨3点钟，据生活老师反映这个宿舍已经不止一次吵架了。为了尽快化解她们的矛盾，我和年级长一起约谈了学生家长，希望家长能够和老师一起帮助学生解决问题。事情本来只是同学之间言语上冲突，当其中一个家长得知这个事情后，她觉得自己的孩子受了更多的委屈，于是将矛头指向了老师和其他家长。事情变得越来越复杂，她要求同宿舍其他学生向自己孩子道歉，并且提出了更换宿舍的要求……这件事情结束之后的一个暑假，其中一个学生告诉我“老师，其实当时你不需要让家长介入的，我们自己可以解决。”是啊，谁的学生时代没有过言语冲突呢？明明可以放手让她们先试着自己想办法解决问题。

在之后的班级事务管理中，我一直思考“收”与“放”的度。学生能做的事情，班主任不越俎代庖，不能因为担心学生做的不完美而剥夺了学生锻炼的机会。要给予学生充分的信任，让学生成为班级真正的主人。当然“放手”不等于“放任”。很多时候，班主任需要做的是适当引导。比如班上部分学生特别爱吃零食，经常能看到课桌上堆着的辣条、泡面、饮料等。发现这个现象后，我立即组织了一次《留意你身边的零食》的主题班会，向他们介绍了包装袋上的营养成分表和常见的食品添加剂，并播放了“3·15”晚会中关于辣条制作过程的视频。利用学生在生物课堂上学习的检测蛋白质的方法，我又组织学生做了一系列的实验，让学生亲手检测他们常喝的几款饮料如奶茶、咖啡、茉莉花茶、可乐中是否含有蛋白质。经过这次班会和实验课后，班上吃辣条、喝饮料的现象大大减少。适当引导、适度放手，想要风筝飞地更高，适当的“放”线必不可少。

班主任工作千头万绪、琐碎繁杂，需要把握的度远远不止“规则”与“人情”“集体”与“个体”“收”与“放”，亦师亦友的师生关系一直被广为提倡，“师长”与“朋友”的度在哪里？“坚持”与“妥协”的度呢……这些方面都会直接影响班级管理的效果和师生的情感体验。卡耐基说“你对了，世界就对了”，教师心中有度，世界便清晰透亮，方可泰山崩于前而面不改色。

参考文献

［1］陈红云. 放手的艺术［J］. 南方论刊，2006（8）：61–62.

［2］吴大胜，刘丽娟. 谈素质教育背景下的中学班主任工作转变［J］. 教育探索，2006（6）：109–110.

浅谈新班主任与学生沟通交流的原则和技巧

深圳市观澜第二中学　王元福

班主任工作繁杂多样，作为一名刚入行的新班主任，接手起始年级的新班级，必将面临重大挑战。谈话法是班主任工作的一种常见方法，新班主任与学生谈话交流，可以了解学生的思想活动、道德观念、理想追求等，从而制定对应的教育对策和方法。在沟通交流时，要遵循接纳学生的缺点、不攻击学生的品德、不伤害学生的自尊这三项原则，建立和谐融洽的师生关系。下面我将从几个案例来谈师生间沟通的技巧。

一、接纳学生的缺点

初一开学，班上有个女孩子成绩很差。我们姑且叫她A同学，A同学小学基础薄弱，性格内向，不喜欢和同学交往，当其他人课堂上积极发言时，她却低着头沉默不语，更不敢举手发言。

于是我私下找到她，告诉A同学："老师上课提问时，如果你会的话就举左手，不会就举右手。"她用胆怯的目光看着我，低声说道："老师，我行吗？""你行的，试试吧！"此后，每看到她举左手，我就给她机会回答。过了一段时间后，A同学变得开朗了，学习兴趣增强了，自信心也有了，学习成绩有了很大的进步。

作为一个起始年级的新班主任，要敢于接纳学生的一切，就算成绩很差，也不能轻易放弃学生。要用发展的眼光看待学生，要充分尊重学生的自尊心，并且想方设法激发学生的自尊心和自信心，尽量给他们创造进步的机会，引导其慢慢进步。

鼓励就是教育；接纳就是教育。

二、不攻击学生的品德

周一早晨，同学们都穿戴整齐的来学校上课，B同学却头发蓬乱、不修边幅。本来我想狠狠训他一顿，因为他的仪容仪表严重损害了班级形象。可冷静一想：这样训他，能起到效果吗？能真正完成教育他的目的吗？

于是理智战胜了冲动，我轻轻舒了一口气，微笑着对他说："你很英俊，不过今天的形象有点太过夸张，你说呢？"B同学听了我的话后，羞愧地低下了头，他承认了自己的错误，并且答应改正。

往后的日子，B同学在各个方面都有进步，但由于小学长期积累的不良行为习惯，导致他自卑感强烈，学习成绩也不理想。

期中考试，B同学的语文成绩不及格，情绪低落，被同学耻笑。我主动找到他，至今记得B同学走进办公室时落寞的表情。我对他说："老师很关心你的成绩，期待你有所进步。老师想帮助你提高语文成绩，你愿意吗？"

他用疑惑的眼神望着我，然后小声说："我也想证明自己，可就是有时控制不了自己，所以很多同学都讨厌我，估计老师也是吧！""只要你愿意改变，愿意进步，我相信你可以做到的。没有人天生考高分，关键是后天的努力。"他向我点点头，露出了自信的微笑。后来，在我们的努力下，B同学取得了长足的进步。

引导就是教育，帮助就是教育。

三、不伤害学生的自尊

C同学的父母周末去外地出差，贪玩的C同学，由于没有了家长的监督，没有写语文作业，我询问原因，他却向我撒谎，执意说写了但没有带来学校。

我立即和C同学的家长取得联系，得知事情的真相后，拍拍C的肩膀说："把作业补上就行了，何必说谎呢？撒谎的孩子可不是好孩子！老师相信你可以补上作业，加油哦！"

他用疑惑的目光看着我，估计他本来以为等待他的将是狂风暴雨。我看出了他的心思，问他："你是不是有话要对我说？"他低着头道："老师，我错了，我本来以为你会和小学的班主任一样责骂我，说我不学无术，现在不学习，将来必定一事无成，是个天生的失败者。”

我告诉他：“你以前是怎样的学生，那都成为过去了，我只看现在的你，不会根据你的过去评价你，甚至预测你的将来，更不会以此来评价一个人。”

我和他都露出了微笑，那一刻，信任溢满在我们两个人的脸上。

作为一名起始年级的新班主任，切记因为学生的一点小错误就借题发挥，发泄自己的情绪、预测学生的未来、评价学生的品德。

正确合理的做法应该是在尊重学生自尊心的前提下，包容学生的错误，鼓励学生积极进步，切忌因小失大，伤害学生幼小的人格尊严。

尊重就是教育；包容就是教育。

四、结束语

班主任与学生沟通交流是一门艺术，班主任有效地运用沟通技巧，遵循沟通交流的原则，能够使师生双方共赢，彼此共同成长和进步，相信师生建立了和谐融洽的人际关系，教育的目标就会实现，教育强国的梦想也会实现，让我们一起努力吧！

十日樱花作意开，绕花岂惜日千回？

深圳第二外国语学校　金谷榕

一、人心齐，泰山移——建立良好家校关系

孩子的教育问题是学校与家庭的双重任务，建立良好的家校关系可以为学生管理提供坚实的保障基础，同时可以快速降低学生管理的无效性。如何建立良好的家校关系，首先，必须正确定位家长在学校教育中的角色。他们是班主任的战友，要注意了解家长们自己的教育理念，减少家校之间的教育鸿沟，保持教育的一致性，从学生个体出发，家长和教师其实出发点是一致的，都是希望孩子健康成长，快乐学习。找到相互之间的共识，增加彼此之间的信任，家校联合的教育才能让学生成长得更全面、更健康。举个例子，我们班有个姓乔的女生，小学时，父母离异，但一直到初中她都是乖乖女，学习也很好，所以到二外时，顺利进入了高一重点班，但不知道什么原因，从高二就开始叛逆、追星，上课不听课，学习不认真，各种师生、生生关系也搞得很糟，而离异父母双方关系也很差，经常互相指责对方是孩子叛逆的原因。所以，在没有见到孩子之前，我先把家长约到学校来谈心，全面了解乔某某的成长经历。听完父母双方的阐述，笔者发现这个孩子之所以呈现今天这个状态，冰冻三尺非一日之寒，是初高中衔接、亲子关系多方面原因造成的。当务之急是与父母双方沟通，暂时休战，至少在这一段人生相对重要的时间里保持和睦关系，不要互相指责，而是想办法把孩子先找回来，进入学习的正轨。

二、润物细无声——留住微弱的信心

在多方努力之下，乔某某终于在高三开学一个月后重新回到了教室上课。她回来之后，我故意没有对她多加关注或者指责，而是跟各个任课教师打招呼，帮助乔某某把落下的功课尽早补上来，也没有独自找她聊天，只是在平常的班级生活经常对她嘘寒问暖，指导学习方法。然后接着高三第二次月考中，她英语取得班级第一的好成绩时，借着这个契机，在下课的时候对她大加赞赏，顺带跟她聊未来聊人生，还利用班级的奖励机制对她的成绩进行公开表彰。学生对学习的兴趣很大程度源于学习成就感的获得。学习成就感可以增强学生的自信心。意欲挽留住这个想消失的女孩，守护其微弱的信心是特别重要的。在这一系列努力之下，乔某某终于主动来找我谈心、谈困惑、谈未来，在与她的交谈中，笔者了解到她的兴趣是小语种，于是我课后找了很多关于小语种教学的大学录取要求和情况，帮助她找到学习的目标；她的困惑是家庭关系特别紧张，经常跟单亲妈妈爆发矛盾冲突。这一点与家长的沟通交流中也感受到了，作为单亲母亲，对孩子倾注了太多的注意力，反而使得孩子极度想逃离家庭，甚至是学校，习惯性无助感充满了学生的内心。针对这个问题，现在多媒体工具多种多样，笔者将学生在校的情况及时记录下来，通过微信群或者QQ群分享给家长，让家长与学校的孩子共成长，一方面可以缓解家长对孩子的思念之情，另一方面也可以让家长及时了解孩子的情况，并且和家长分享一些育儿心态和文章，潜移默化地转移家长的视线，鼓励家长追求自己的生活，同时给学生创造喘息的空间，减轻了家长和学生的心理压力。虽然后来乔某某还是偶尔想请假，但坚持的时间越来越长，最后成功突破了自己，考上了澳门城市大学。

三、人生若只如初见——继续良善教育

今年的教师节，收到了很多的祝福，最为特别的就是乔某某在半夜12点准时发送的微信：

小金！节日快乐！

真的很感谢在高二和高三能遇到你这么好的老师，每次跟你聊完天都感觉正能量满满。是你让我在一点点向好的方向转变，当我开始认真起来，当我开

始背每一个知识点，当我能写出一道道材料题，当我知道努力真的有回报的时候，这些时候，我都知道没有你的苦心，我也不会有这样的进步。有时候，成长就是一瞬间的事。

高三是很辛苦，我也有晚上躲在被子里偷偷掉眼泪，也有在数学题怎么都写不出来的时候一直叹气，但是每天都能看到你笑着给我们加油打气，有你给我们安排的一顿顿加餐，有你给枯燥的高三带来乐趣，这么想来，这个高三，也没有那么苦了！

高三这一年情绪波动都很大，有时候因为一句话就莫名和同学不欢而散，小情绪被放大了无数倍，很多事情东想西想都想不通，从前理想远大，想着高考不就那么回事吗？一定要去自己梦想的北京，但后来也想明白了，自己尽力就好，在每一次我想着“不想考了”“不想读了”的时候还有我走出办公室前的时候，你都会跟我说“加油”“我相信你”，我就感觉自己像是被充满电一样，还能再学一点，还能再忍一会儿。

还有很多话，可又不知道怎么写出来，大概是因为这段回忆太美好了吧，真的很感恩遇见你哦小金。最后，祝小金身体健康、家庭幸福、工作顺利、希望你的宝宝以后也能遇到像你一样好的良师益友哦！

苏联教育家、现代教师的启蒙者苏霍姆林斯基说过：“教育技巧的全部奥秘在于如何爱学生”。弗洛姆在《爱的艺术》中说：“‘爱’是给予，给予内心有生命的东西”，“同别人分享他的快乐、兴趣、知识、幽默和悲伤”。通过给予、体验自己的力量，感受到自己生气勃勃，体会到自我价值的实现，因而充满欢喜、满足。而我理解的教育，是一种良善的教育，是在教育活动中让每一个生命个体感受到最大的包容、自由和释放的愉悦。这朵血色樱花最后迎风绽放，乐观积极向上地迎接属于自己的花期，作为欣赏者的我也是绕花岂惜日千回。

如何对待孩子的逆反行为

深圳市观澜第二中学　温丽欢

我国当代著名教育家魏书生老师曾说过，“首任教师是父母，第一学校是家庭”。家庭对孩子的成长、发展起着重要的影响。在当前的家庭生活中，关爱孩子是每一位家长一直在做的事情，但由于其“爱”的方式不当，没有真正发挥家庭教育的作用，甚至起到了适得其反的效果。特别是初三的孩子，他们除了处于青春期之外，还需要面对中考的压力。对此，作为初三的家长需要采取有效的方式，发挥家庭教育的作用，引导初三孩子走出叛逆期。

一、正确认识初三学生逆反心理产生的原因

（一）内因：初三学生的心理特点是逆反心理产生的基础

都说初三的孩子，叛逆期越来越严重了。初三孩子所面对的学习问题日益增多，问题情境也纷繁复杂。在亲子关系方面，他们与父母的关系也会发生一系列的变化，伴随自主性增强的是对父母的依赖感逐步降低，同时希望得到父母的理解和尊重，渴望拥有自己的独立空间，对父母的管教开始有抵触情绪。

随着初三孩子年龄和知识的增长，他们好奇的对象也越来越多，对理论的、社会的、自然的观点和现象，都想加以探讨，进行自我判断，而不愿被动地聆听别人的解释。慢慢地，他们产生了越来越强的成熟感和成人感，认为自己已经长大，不再是个孩子，希望独立自主，像成人一样在社会中享有平等的地位，不喜欢父母用保姆式的态度对待自己。但是，父母出于爱护和习惯，对初三学生这也不放心，那也不放心，继续用不加商量的口气指点、教育，这样反而会引起他们的反抗。

（二）外因：父母的冷落或者溺爱，对考试成绩的错误解读

家长因为孩子成绩不理想或者退步的不正确批评会使孩子产生自卑心理，失去学习的信心，对家长的教育产生反感。至于任意打骂、体罚更会使孩子产生强烈的抵触情绪，从而越发倔强、暴躁，甚至走向极端。

另外，父母暂时的哄骗、利诱不利于孩子树立良好的生活和学习目的性，而长期的溺爱、迁就，更会使孩子变得娇生惯养、更加为所欲为。再有，初三考试的压力也会让他们形成抵触、反抗的心理。

所以班主任要帮助孩子顺利渡过初三逆反期，首先要改变的是家长。在亲子沟通时，家长应注意以下几点：

1. 做好思想准备

注意调整与他们的关系，改善对待他们的态度，为正确对待逆反期做好铺垫。

2. 尊重其独立自主

尊重他们所需要的隐私权，遇事多与他们商量，倾听他们的意见。

3. 亦师亦友的亲子关系

父母与初三孩子相处中，要和他们建立起朋友式的友谊关系，能够交流思想、吐露心声，进行良好的沟通，以朋友的身份对他们进行帮助和引导。

二、应对初三孩子逆反行为的措施

面对“小刺猬”似的初三孩子，很多家长往往束手无策。他们全身心地爱孩子，但孩子似乎很难体会到爱。所以亲子关系中，掌握一些与孩子交流的技巧，能帮助我们走进孩子的世界，把我们的爱顺利地传达给他们。

（一）赏识有度，批评得法

每个孩子都是独一无二的，所以好的教育一定是遵循“因材施教”原则。不同对象，不同时期，不同事件，我们需要选择不同的教育方法。

赏识教育不是表扬加鼓励，而是赏识孩子的行为结果。强化孩子的行为，是赏识孩子的行为过程，以激发孩子的兴趣和动机，创造环境，指明孩子发展方向，适当提醒，增强孩子的心理体验，纠正孩子的不良行为。

比如，当孩子在初三某次考试中总成绩退步了，但是语文科获得进步了的时候，家长们往往只看到退步，就开始进行批评，这样会造成无效的沟通。我

们可以利用这一契机，表扬孩子在语文学习上的努力与用心，肯定孩子在语文上的努力。激励孩子如果在其他科上也像语文一样用心，相信其他科也会慢慢地进步。

不管遇到什么问题，作为一名家长需要用发现的眼光去寻找孩子的亮点，哪怕在孩子做错或者成绩退步的时候，这样才能和孩子进行有效沟通。

对待考试不理想、犯错误的初三孩子，家长也不能一味地指责，否则，只会造成他们的反感与抵触。

很多时候，他们知道自己考试不理想和犯错的原因，他们会采取抵赖、狡辩甚至是沉默等言行来逃避指责，这其实是一种自我保护。对于考试不理想的孩子，家长必须先冷静下来，然后尝试站在孩子的角度，帮助孩子客观地分析问题，找到孩子这次考试失误的原因：粗心、没有复习到、紧张……然后适当安慰孩子，因为他们可能比你还难受，最后共同探讨解决的方案：找老师、做计划、定目标……

（二）认真倾听，方能良性沟通

倾听不同于理解或同情，倾听意味着放下已有的想法和判断，一心一意地体会他人。初三孩子出现问题时，家长的倾听，可以让孩子及时宣泄不良情绪。

适度宣泄，化解紧张情绪。待孩子心平气和后，我们再寻求适当的解决方案。与孩子意见相左时，我们的沟通方式可以是直接说出我们的需要，或以适当的方式提出我们的请求。如果我们通过批评来提出主张，他们的反应常常是申辩或反击。

长期以来，父母的形象和自我牺牲联系在一起，所以我们要学会在认真倾听孩子的同时，说出我们的感受及需要，适时提出我们的请求，但不能要求孩子立刻照办，否则孩子会认为这是父母的命令，容易选择反叛作为回应。

（三）完善自我，做孩子的榜样

如果你希望孩子成为什么样的人，你自己首先要是这样的人。每个家长都会为孩子勾勒一幅美好的人生愿景，但在你督促孩子为此努力时，家长的角色不能仅是督促者、加油者，还应该是同行者。

你希望孩子有教养、为人友善、处事有责任感、具备抗挫能力，你也必须努力磨砺自身品质，做孩子的榜样，成为孩子的偶像，他就会认真听取你的教育而不是逆反。

例如，我们经常批评孩子沉迷手机、游戏、静不下来看书等等，作为家长的我们可以发挥榜样作用，远离手机，利用空余时间进行阅读、运动；家长在遇到事情时的处理方式，孩子也是看在眼里记在心里的，因此我们在孩子面前要做到遇事不慌。面对中考，孩子无疑是压力巨大，作为家长的我们，要“爱之有度，严之有理”，如果在与孩子相处过程中遇到双方不知如何解决的问题，还可以通过学校、老师帮忙，架起沟通的桥梁。

用心浇灌，静待花开

深圳第二外国语学校　金谷榕

现代班主任工作是一种艺术性与科学性高度统一的复合体，是教育机制与教育原理的高度统一。班主任是一个班级的管理者和组织者，而整个班级是由广大学生组成的，班主任在课堂上在生活中要放下自己所谓的师道尊严的架子，以平等的心态、真挚的情感、充足的耐心去和学生交谈，接受学生成长的曲折性，只有这样才能够赢得学生的理解和支持。让自己的班级更有凝聚力，这样整个班级管理组织起来会更加容易。

“我将来要当麦田里的守望者，有那么的一群孩子在一大块麦田里玩，我呢，就在那悬崖边，我的职务就是在那守望，要是有哪个孩子往悬崖边来，我就把他捉住，我整天就干这样的事，我只想做个麦田里的守望者。”这是书中唯一出现“麦田里的守望者”字眼的一段话，这也是《麦田的守望者》中主人公霍尔顿真正内心的理想。霍尔顿想做一个麦田的守望者，想要守望住孩童们最初的童真，守望住孩童们对美好世界的向往，更是他想要在他那迷茫的青春中找回丢失的自己，当他要迷失在青春里时，他想拉自己一把。这里麦田其实就是指每一个人的青春少年，人们在青春中会迷茫，会丢失方向，会不知所措，有人在青春这无际的麦田中迷失了自己。其实每个人都渴望在自己迷茫的青春中，有个人可以耐心地等待和引导他，让他不至于迷失了自我而走不出来。

自从生完宝宝之后，我发现自己的心态发生了很大的变化。经过生的艰难，才知道活的可贵，对生命的敬畏更加深刻了。这段时间，也一直在反思自己的教书育人的观念，不断地调整。恰好因为高三缺班主任，我在生完娃一年内便又重新踏上班主任的岗位。这半年以来，由于自我心态的调整，我在班主任工作岗位体验到满满的幸福感和满足感。每个学生都是一个独一无二的个体，都是父母用心抚育的结果，生命本来就各不相同，何须急功近利地让他们在18岁最美的花季绽放出我们想要的花朵。每一种花都有属于自己的花期，我们要做的便是用心浇灌，静待花开；我们要当好麦田的守望者，给予他们正确的引导，耐心地等待他们走出来。这半年来遇到的几个案例更加坚定了我这种理念。

一、在学生之间发生矛盾时，做学生忠实的听众，寻找突破点

每个学生都是单独的个体，他们的生长环境不一样使得后天的个性差异也很大。教师在接纳学生优点的同时也要包容学生的缺点。教师必须做到公正地对待每一位学生，必须保持清醒的头脑，尊重学生的人格，最大限度地理解、宽容和善待学生，给学生重新审视、反思自己行为的空间，让他们主动接受教育。不同的学生有不同的个性差异，世界上没有两片完全相同的树叶，何况是人。这个道理我们很容易理解，但对于学生来说却不容易，所以这个时候就需要我们扮演好我们的角色——知心姐姐，而且需要针对不同的学生，站在他们的角度去理解他们的困惑，再从他们的困惑中寻找突破点，缓解学生之间的矛盾。现在的学生自尊心强，要求个性独立，喜欢个性张扬，不喜欢过多地被管教，同时他们稚嫩的心灵又显得很脆弱，受到委屈时首先想到的是“哭”。这时班主任最好先当一个忠实的听众，让学生诉说一下心中的委屈，适时给予一些引导，等学生诉说完再指出学生的错误所在，辩证地去分析学生的不足，这样学生容易接受。比如我们班有一个叫龙某某的女生，由于睡觉打呼噜影响了宿舍其他五位同学的休息，高一高二学习不是那么紧张的时候，这个问题不是很突出，一进入高三这种高强度的学习状态，学生的心态也比较烦躁，这些受影响的学生就把这个问题扩大化了，甚至哭着想让这个学生调离宿舍或者走读。可是龙某某同学本身家庭经济困难，而且学校也没有多余的宿舍床位腾空，这两种诉求都无法实现。我所做的是，先是倾听双方的说法，发现问题，这些孩子们是因为高三紧张烦躁的情绪无处宣泄，遇到一点不顺心的事就把问题扩大化。所以接下来采取的措施是先在班里进行一次感恩主题班会，从父母、同学之间，师生之间开始引导大家对彼此的依赖感。先营造出命运共同体的氛围，再私底下进行个别谈话，适当引导，这个时候就有学生主动对我说，

老师，我们自己能调整好的，放弃了原来的想法。同时，为了避免再出现类似的问题，对于龙某某同学，我先进行抚慰，毕竟这是她无法控制的，不是她的过错，让她心理负担不要太重，同时，我带着她一起上网查找了打呼噜的原因，发现打呼噜也是一种身体健康状况的警示，并且可以治愈，然后就建议她和家长到医院针对这个问题进行治疗。事后，我还举行了一个情绪宣泄主题班会，给大家一个情绪宣泄的渠道，防微杜渐，班级的整体氛围，宿舍的关系又和谐了许多。

二、当学生和家长之间发生矛盾时，做正能量传播者，引向团圆结局

当下的班主任工作面临的一个新的矛盾是：家长对孩子的爱（甚至是溺爱）与孩子自我认知的矛盾。高中的孩子正处于自我认知快速成长的时期，对事对人都有属于自己的一套看法，可在家长心中，他们仍是心中长不大的孩子。管理与反抗，溺爱和叛逆，两种大相径庭的情绪深深地影响了家庭关系，致使家庭关系特别紧张。在高三这一年更会影响在校的学习状态。例如本学期我遇到一个在其很小的时候父母便离异由母亲带大的格某某同学，母亲从小对她十分溺爱，什么事都安排周到。到了青春期，突然迷上了追星，至此开始跟母亲理念不合，在家里经常跟母亲吵架，甚至对母亲口出恶言，母亲也因为长期的家庭压力，患上了严重的抑郁症，而这个学生在高三开学时也拒绝来学校上学，后来母亲报警才把追星的她带回家，这离高三开学已经过去了一个多月了。对于刚刚接手17班的我早就听闻这个孩子的事情。可是在所听闻的事情中，我发现这个孩子还是有很多闪光点，脱离了学校之后，她能够很好地经营自己的小事业，人际关系也没有太多问题，就是语言表达和生活方式跟其他同学有点不同而已。所以我采取的措施是当这个学生回到学校后，我并没有责怪她，而是积极地帮她制订各科的复习计划，帮她跟上班里的学习节奏，同时放大她的闪光点，不断赞赏她的英语水平，并且为了增强她学习的热情和成就感，给她分派辅导的对象，让她找回班级的归属感，自此至少她愿意安心地待在学校里学习了。而她的家庭关系的矛盾仍然是一个定时炸弹，对此，在她面前我会装作我完全不知道她在家里的情况，她就是一个很努力向上的孩子，这是我在班里有意无意塑造出来的形象，所以她为了维护这种形象，在学习上还

是很努力的。平时我也会有意无意地让家长做一些让孩子感动的小事，日积月累、消解隔阂、缓和关系、慢慢地，学生整个状态都恢复正常了，还拥有自己的学习目标——北京外国语大学。作为班主任，需要的是及时发现这些事情的存在并做出干预，干预的主要方式不是教育某一方，而是本着协调的思路，让家长和孩子相向而行，这是成本最低而效果最好的班级管理工作方式。

三、当学生成绩暂时落后时，要善于激励学生，关注其可成长点

学生是具有丰富情感的人。教育的过程中难免有学生出现消极情感（如失败、痛苦、失望等），往往就成了所谓“不求上进”的学生。因此，班主任更要不惜精力，通过形式多样的激励方法，让学生体验到学习的快乐、生活的乐趣，给学生以心理上的安全和精神上的鼓舞，使学生思维更加活跃，热情更加高涨，成为学习、生活的主人。在班级的教学模式中，很多学生因为种种因素的影响，他们的学习成绩无法得到提升，导致了班级成绩的两极分化现象。其实每一种花都有自己的花期，他们只是一朵朵迟开的花朵，班主任对他们进行教育与转化，使他们也能绽放出美丽花朵，也许不是现在，但一定会出现在将来的某一天。为此，班主任以身作则，引领教师与学生消除对学困生的歧视，详细了解他们落后的原因，多与他们进行情感的沟通，对他们的每一点进步都进行表扬和鼓励，此外，班主任还要与家长联手，细心、耐心，持之以恒地进行转化工作，这样才能有效实现“立德树人”的根本教育任务。例如陆某某同学，在高三的第一次考试中发挥得并不好，所以情绪特别低落，有一段时间都无心向学了。发现这一现象后，我立马约了她到操场散步聊天，倾听她的困惑、失落和烦闷，并进行引导让其正确认识考试的功能是查缺补漏，纾解其失落的情绪。第二步，我紧接着找了各科老师开会分析这个学生的学习特点，请各科老师关注这个学生，并予于学习的指导，在平常的学习中也会特别关注她的学习状态，批改作业或者课堂回答问题时有闪光点，都及时进行激励，带给她学习的成就感。第三步，我请求家长的协助，把情况跟家长进行说明，请家长在平常的家庭生活中多与孩子沟通，家长也是极其配合，采用写亲笔信的方式表达对孩子的关爱和鼓励之情，而且坚持每周一封。多渠道努力之下，该学生在三次段考中都在不断地进步，而且也没有焦躁的情绪，通过努力，已经成功从年级倒数闯入年级前140名了。

班主任工作精心而又烦琐，它是在广阔的心灵世界中播种耕耘的职业。在今后的教育生涯中，我将用我的青春继续耕耘属于我的那片园地。我无悔，我高兴，因为我是一个班主任。我会用心浇灌，等待每一朵花在他们的花期里绽放属于他们自己的精彩。

对学困生（高中）的思考

深圳市第二外国语学校　朱水平

学困生这个词语是对以往“差生”的新认知，过去由于认知错误把他们叫作差生，现在称为学困生，即“后来进步”之意。学困生是素质发展的某一方面或所有方面相对滞后的学生，是就某个学生群体而言的相对概念。就学校而言，学困生突出表现在学业和个人品行两方面。学困生在学生生活中普遍存在一些特点，对这些特点进行研究并分析其形成原因，有利于学校对学困生的转化工作。笔者通过课题研究及相关工作总结了学困生心理、行为和学业上的一些特点及其形成原因。

一、一般特点

（一）心理特点

1. “就是差”的自卑心理

学困生由于学习基础或其他特殊原因，在课堂、作业、考试等方面落后于身边同学，甚至一定程度上通过努力也无法改变现状，逐渐对自身学业及前途失去了信心，会产生较重的自卑心理，直至对自身所处的状态略显麻木，最终形成根深蒂固的“自己就是差”的观念。

2. 具有一定的逆反情绪

逆反情绪具体表现在家庭内部的亲子关系及在校的师生关系。部分学困生在家庭中与父母关系一般，偶尔会有拌嘴出现，不满父母对其的管束，认为父母不了解自己；师生关系主要体现在与部分科任老师的不和谐，与班主任亦有所抵触。个别学困生甚至成为班级内的所谓“刺头”，经常性挑战班规校规等，父母与老师的教育效果不甚理想。

3. 言行脱节严重

有些学困生可能是典型的思想巨人，行动矮子。学困生普遍有一定的向好的想法，但是很难落实到行动，或者行动缺乏持续性。可能是因为在一定程度上缺乏意志力，缺乏相应的成功体验。在成功体验缺乏情况下会进一步打击学困生转化的积极性和主动性，从而容易形成恶性循环。

4. 对现状有种无力感

基于言行的脱节，导致对目标的落空，想改变但是又不见起色，学困生逐渐对改变现状产生某种无力感。对现实的无力感可能逐步演化为消极悲观的生活态度，影响学困生学习以外的能力发展。

（二）行为特点

1. 行为缺乏持续性

主要表现为很多行为无法坚持，尤其是对于学业的提升。学习之外的健身、阅读等也有相似情况，往往只会有三分钟热情。

2. 人际交往少

在校园和班级只与固定同伴交流，很少结识新朋友。在圈子内很舒服，走出圈子后会觉得很局促，缺乏信息。人际交往的弱化导致学困生无法获取积极向上的信息，更无法找到合适的榜样力量。

3. 沉迷网络

学困生一般会出现违反手机管理规定的行为，从而会受到学校的相应纪律处分。主要通过网络玩游戏或者聊天，在家里尤其明显，家长很是头疼。

4. 作息时间不规律

由于网络、手机等问题，喜欢熬夜，导致周末返校后作息时间不规律，上课睡觉或精神不振现象频发。

（三）学业特点

1. 作业完成度低

除个别比较喜欢的学科外，其余学科作业基本完成不了，有些学科甚至从来不做。

2. 上课专注度低

上课容易打瞌睡或者开小差，自习课频繁外出教室打水或者上厕所。主要原因是听不懂、睡眠不足、作业不会做等。

3. 偏科严重

学困生普遍会有个别喜爱的学科或者科任老师，而对于不喜欢的学科成绩会很差，甚至完全放弃。具备这一特点的学困生，在进行转化时喜爱学科或科任老师是一个很好的突破口。

4. 基础薄弱，缺乏信心

想努力，但是无从下手，前期学习欠账太多。

二、形成原因分析

（一）家庭原因

1. 父母因素

部分父母由于工作原因或者自身性格原因，往往忽略与孩子的沟通；偶尔进行沟通也会因为缺乏耐心而造成负面效应。有些父母限于文化水平，对孩子无论是学业还是心理安慰上，能够提供的帮助极为有限。个别时候望子成龙，在言语上会伤及小孩自尊心，一定程度刺激了小孩的逆反心理。

2. 经济因素

家庭经济情况一般，特殊时候无法满足学困生的个别物质需求，有时候会让小孩在吃穿用度上与身边同龄人相比，而产生自卑心理。更无法满足一些学业的需求，例如家教等，也导致小孩在学业上缺乏除校园外其他的助力。

3. 亲戚因素

不少亲戚朋友在过年聚会时经常会相互询问攀比学习成绩，让学困生常感到在亲戚面前抬不起头，有时候父母也会附和。

（二）校园原因

1. 同学压力

有些学困生刚入学时对高中学习生活适应较差，与适应能力强的同学相比，逐渐产生某种自卑心理和压迫感。高二高三后学业成绩逐渐拉开距离，对其负面影响加剧。

2. 教师方面

由于基础差，上课跟不上老师节奏，课后问老师有时候排不上队，而学校教师无法提供一对一的个性化辅导。

3. 榜样错位

学困生由于人际交往范围狭窄，甚至沉迷网络游戏，喜欢与游戏玩得好的学生交流沟通，并在游戏上分、排行等方面存在攀比心理。

4. 初高中衔接较弱

学校在入学时纪律生活要求较多，而在学习方法上指导较少，对高中与初中学习的差异引导不足，导致学困生入校后迟迟无法跟上高中学习的节奏。

（三）个人原因

1. 学习兴趣降低

初入高中时大意，没有清醒地认识到高中学习生活与初中的差异，总拿初中的经验来应付高中学习，比如对知识死记硬背等。最终导致基础不牢，学习兴趣降低。

2. 过分沉迷于网络，未能及时醒悟

网络沉迷直接影响学习时间和效率，更影响休息时间，对改正缺点没有足够重视。

3. 缺乏系统学习方法

由于一直没有形成系统的学习方法，当学困生想奋起直追时成绩一直未有较大起色，直接导致每一次改变的尝试都以失败告终，并产生恶性循环。

综上所述，学困生在形成过程中会逐渐出现一些共性或者个性的特点，这些特点很显著的体现在心理、行为和学业上，它们阻碍学困生向好的方向发展。在缺乏外力协助的情况下，可能导致学困生无论在学业还是在生活行为等方面逐步的恶化。以上特点有些是初中就有的，也有些是在进入高中生活后逐渐形成的；有些是家庭原因造成的，也有些是在校园中逐渐产生的。

三、转化措施

针对不同特点的成因分析，可以为学困生转化提供思路和帮助。从学困生的这些特点来看，有些特点限制了其转化的内驱力，有些特点不利于其转化的外部因素，所以结合特点及其成因分析，学困生的转化应该是具有较强的个性化需求。不同的学困生所需要转化方法会有差异，不能够一概而论，机械而行。学困生转化的最关键是激发学生内驱力，并且始终给予后续的外界支撑。学困生的转化需要老师的耐心、爱心和方法，也需要家庭的理解和支持。

所以我们在制定学困生的转化策略时，既要关注其特点，也要关注其形成的原因。转化过程要善于调动一切有利于转化的因素，包括学困生的朋辈关系、亲子关系和师生关系，形成一个有利于学困生转化的网络机制（即人际环境）。当然在协调这些关系时，所需要的技巧和注意事项，又是各不相同的，这就需要教师非常的慎重，并且要有强烈的责任心和爱心。我们也发现一个有趣的现象，在对某些学困生实施转化策略时并不是所有策略都会有效，甚至从学生自身反馈来看基本是无效的，但是在转化过程中老师所给予的关注却给了学生最大的转化内驱力。或者我们也可以笼统地说，学困生是需要老师关注和关爱的一个群体，他们的形成可能是长期缺乏关注而造成的，当转化策略实施时，这种关注或者关爱也就到位了，学生的内驱力和自信心就被激发出来了。所谓学困生的转化，可能也是一种有心栽花花不开，无心插柳柳成荫的过程吧，策略不见得要多么高深和严格，只是感情到位时，一切也就迎刃而解。

纵观学困生的特点和成因，班主任们在转化过程中要有耐心、爱心和责任心，与学生共情，教育时要动之以情，晓之以理。同时，要与家长加强交流，形成教育合力，助力学困生健康成长。

拒绝“态度挂帅”，多问几个为什么

深圳第二外国语学校　何玉明

一、案例

临近期末，为了让班里的成绩再冲一冲，打算整个晚修多到班上转一转，看班上的同学复习状态如何。晚修第一节刚上课，我就走到教室里转了一圈，可是，班上坐在最前面的两位同学，居然看不到身影了。其中一个还是我的得力助手语文科代表！寻思着是不是拿着通勤的牌子去问老师问题了，结果发现拿了牌子的两名同学就在走廊问问题呢。这两个同学到底去哪里了？问坐在周边的同学，说晚修就没见过他们的身影。问同宿舍的同学，下午五点多洗完澡就出去了。打电话问生活老师，并没有留在宿舍。

那他们两个人到底跑到哪里去呢？一月的深圳，冬天是刺骨的阴冷。从图书馆的三条通道、教学楼的E栋到教学楼的A栋，每一栋的四层楼我都走过一遍，也曾跑回班级看人是不是已经回去。知道我在寻找学生后，隔壁班的班主任夏老师把疑似发现我们班学生的位置告诉我，但是去看的时候，发现人已经不见了。

焦急、生气、郁闷，更多的是对学生安全的担心，全都在我的心头涌起——到底人跑去哪里了呢？从晚上七点到八点半整整一个半小时的寻找，累坏的我心理防线逐渐崩溃：为什么要自动请缨当这个班主任？就是为了自讨苦吃吗？为什么就我们班的学生那么不守规矩，晚自习还到处乱跑？……

还在寻找的我，看到特意跑过来汇报的班长：老师，她们已经回到班上了。原来，这两名同学之前一直待在图书馆自习，等到夜色降临图书馆的老师闭馆之后，他们还觉得图书馆楼梯的角落特别安静，适合学习，于是两个女生就着那点微弱的楼梯灯光一直在学习，直到第二节的课间她们才回到教室，才知道班主任找了她们一个多小时。拖着疲惫的身体，迈着乏力的步子，吩咐班长，把她们两个人叫过来！本来就只打算口头上训诫一下记住下次注意就好了的，但是一看到这个平时表现还算可以的女生，就开始恨铁不成钢，怒火中烧。

“你们两个人干什么去了？难道不知道晚修期间不可以私自跑到其他地方学习吗？”因为按捺不住怒火，才走到办公室的门口，我质问的时候语调都变得前所未有的高。

一贯看起来懒散，平时甚至都有点不太讲礼貌的小陈毫无波澜地回应道：“我们就在学习，没有干别的，这都不行吗？”我的语文科代表一听，赶紧拉了下小陈的衣角，让她把语气赶紧改变一下。

我这一听，愤怒和委屈一下子涌上心头，连泪水夹带着怒火：“知不知道我找了你们两个一个多小时？为什么全班的其他同学都好好地待在班上学习，知道自习课就应该待在班上的，你们两个就不知道？你们两个是不是就是特别的！”正在办公室加班备课的白老师听到了我愤怒的声音，赶紧把情绪失控的我拉回办公桌，而在走廊外对犯错的两个学生说，赶紧认错，晚自习就是应该待在班级的，你们两个态度还这么傲慢，惹得你们班主任都生气成这个样子了，赶紧的！此时失控的我，泪水不由自主地流出来，一下子就从平时威严的神台下跌了下来，从走廊路过的资深班主任听到了争执声，也赶紧过来劝慰了几句，他们都是小孩子，你是成年人，还是要宽容一点。道理我都明白，但是这个时间点我只能任由自己的眼泪流下来，发泄自己的情绪，大约过了两分钟，我的情绪终于稳定下来了。

两个学生在白老师的提醒下走进办公室，科代表率先道歉，先前有点漫不经心的小陈也严肃起来，科代表小聂流着眼泪说：“老师，我们错了。我们是在图书馆学习到闭馆，不知不觉时间就到了，觉得在那边的学习效率很高，所以我们就一直待在那里，我们真的做错了。”

勉强支撑自己的思绪告诉我，必须平复心情，必须冷静下来，必须客观处理这件事：“专心学习是好事，为你们的专注感到高兴。但是学校的规定不能违反，请你们两个好好写一下情况说明和反思。”

待她们两个写好反思，交到我手上回到班级继续自习的时候，重新恢复平静的我看着她俩的深刻反思，破涕一笑，这明明是一件班主任日常管理的小事，为什么就会这样大动肝火，情绪失控呢？在课余之后和资深班主任们交流，他们的一句话让我醍醐灌顶：在遇到学生犯诸如此类的日常问题之时，如果你率先生气，情绪失控的话，那你就输了！仔细一想，这件事其实就是涉及了师生沟通中的情绪管理问题。

二、案例反思

学生在制造事端的时候，班主任作为学生的第一责任人，在处理问题的时候难免会带有情绪，尤其是对于新手班主任而言，很多在资深班主任看来的日常犯错，新手班主任都会如临大敌，因此会丧失了自己的理性思维，乱了自己的阵脚。因为人在激动的时候，就很难理智思考问题了，特别是遇到一些明明知道自己违反了规则但依然态度故我的学生，如上述事件中的小陈这种类型的同学时候，情绪更甚。那面对问题的时候，班主任应该怎样去更好地管理情绪，处理好班级问题呢？

1. 保持稳定的情绪

王晓春老师在《问题学生诊疗手册》中认为，一是遇到问题，稳住事态。关键点是当犯错的学生冲动忘乎所以的时候，老师应保持冷静。上述事件中，无论是小陈同学还是我本人，都处于一种非理性的状态，也就是陷入现在流行语中的“互怼”局面。其实回过头来反思，处理这件事的时候应该教师本人先冷静下来，而不应该率先动怒发难。

2. 多作事情背后的原因溯源

作为新手班主任，总是希望能够通过一番谈话，就能让学生“迷途知返”，而实际上，教育是一个过程，而不是一瞬间的事情。在班级发生问题、学生犯错之时，正确的做法，应该是了解清楚学生犯错的原因，用正常的询问语气去了解问题发生的来龙去脉，才是要旨。反思整个过程，由于天气寒冷以及长时间寻找的原因，作为班主任自身的情绪一下子盖过了理智，基本上没有给予两名学生复述事件的时间，只是在宣泄情绪，而非解决问题。

3. 克服刻板印象，做到公平公正

面对问题，面对问题学生，面对常常犯错的学生，厌恶的态度常常会率先登场。诸如上述案例，小聂平时是乖巧、有礼貌和我接触最多的语文科代表，

小陈平时就是性格比较乖张、在家里也是和父母相处起来没大没小的学生，我对她们两个的态度在事情中就会有所不同，实质上在犯错后，两个人应该要受到“平等的对待”“平等的批评”，但是刻板印象就会导致教师在处理问题时出现不公正的裁决。即使是按照常理而言在遇到问题的时候，联想学生的平时表现是顺理成章的事情，但是也需要有就事论事的思路，并更加需要有科学研究的精神，只有公平公正地裁决，处理每一个问题，才可以让学生信服，进而推动班级良好运转。

4. 保持研究精神

作为一名普通的老师，一名新手班主任，在教学一线的德育工作者，面对学生群体，面对众多在班级管理中的问题，越发感受到自己对学生思想世界和情感世界认知的匮乏，唯有保持自己的研究精神，去耐心冷静对待每一个在学习与生活中产生问题的学生，才能逐渐形成自己对处理问题学生、问题事件时系统而又科学的解决办法。

班级是个“大家庭”

深圳市龙华区教科院附属学校　陈映宇

一、国有国法，家有家规，班有班规

一个家庭的发展离不开优秀家风的传承，一个国家的民主富强少不了传统美德的发扬，而班级就像是一个大家庭，班级的发展需要有良好的班风支撑，所以在始建班级阶段有以下几个工程是少不了的：教学生学会做人，周周德育；确定一个共同的奋斗目标，争做文明班；组建班干队伍，人尽其才；制定班级公约，有法可依；指导学习方法，提高学习效率……

这些道理其实大家都懂，那么为什么不同的班主任老师，所带的班级所展现的面貌会大相径庭呢？主要是要分清“懂了”跟“做了”是两码事。有些老师点子很多，但是很多做法没有坚持，浅尝辄止，试了几次之后没有立竿见影，便觉得没有效果，反过来抱怨学生难管。其实在班级管理中，没有一种方法是灵丹妙药，药到病除的，这需要为师者以身作则，各种办法多管齐下，因材施教，长期坚持。

近年来，许多学校的教育观念正在转变，但在班级管理中往往还会忽视学生的主体性，这导致许多“接受能力较慢”的学生沦为了“好学生”的“背景”。就拿培养班干部这个做法，多数老师只让班上少数几个能力强的同学负责班里的事务，一来会让这部分同学不堪重负，不久便厌倦了班干部的职位，觉得是一种负担；二来会导致剩下的大部分同学没事干，缺乏主人翁意识。

班级就像一个大家庭，在这个家庭里每个学生都是主人，应该有自己的分工，也应有彼此间的合作。通过项目管理的方式，让每一个学生自主管理、自主学习，让他们拥有展示自己的机会，让他们在学校得到个性化发展。在中小学阶段，让孩子有职业生涯的初期体验，也有助于他们找到自己的兴趣和方向，为他们未来进入社会打下基础。

二、如何打造属于自己的班级大家庭呢

1. 班级文化的营造

我们会为自己的班级大家庭命名，根据名称特点布置别具一格的班级文化，如有的班级学生特别喜欢阅读童话，就取名为“童话城”；有的班级喜欢科学发明，他们的班级就取名“创新之城”。

家庭名称的确定让孩子们打心底有了“当家做主”的感觉，每个学期伊始，孩子们都会根据班级文化特点主动布置教室。不仅如此，班级的板报、名言板、走廊白板每个月由家庭的“美术委员会”（会画画的学生）轮流负责设计，并配上一名解说员，板报完成后，跟大家分享心得。

2. 班级管理许多细枝末节的工作也交给孩子自己负责

植物交给“绿化师”，卫生则由“清洁部长”总负责，每当有大型活动时，“策划师”“采购主任”“宣传员”就开始忙碌起来。自从班级多了这些职位，每个人渐渐有了责任感，大家都希望通过自己的努力让别人认同自己。久而久之，学生感受到——原来参与班级管理是那么有趣，那么有成就感。

“我是家庭绿化师，班级的绿植都由我来照顾。每天我都会按照班级植物的习性为它们量身打造‘成长攻略’，比如喜阴的兰花放角落，喜阳的绿萝摆阳台，胖胖的多肉少喷水……你看他们长得多可爱啊！”八年级“魔法绿化师”张值扬自豪地介绍自己在班级担任的职位与工作日常。

3. 设立项目负责人

在班级里，我们依据大家庭的组织形态，通过设立项目负责人对班级学习、纪律、卫生、考勤、财务等进行管理，并根据岗位对每个负责人进行上岗培训，让参与管理的学生熟悉各自的检查评价内容、扣分准则及记录的方法等。

每天“清洁部主管”需要对班级的卫生情况进行打分汇总，对做得好的8个小组给予积分奖励，对做得欠佳的小组提出整改意见，并在第二天跟进检查。“午餐午休主管”需要对班级每天的用餐情况进行汇总，提醒用餐时有浪费、讲话等行为的同学。

班主任则变身为“家庭主管”，经常检查并指导各项目主管严格按照规定记录，定期翻阅记录本，掌握学生动态，适时提醒违反条规的学生。自从有了项目主管责任制，每个学生都能在班级找到适合自己的岗位，从而真正参与到班级管理中来，做班级的主人。

4. 召开“公民大会”

每周一下午第九节课，我们会召开“公民大会”，进行大家庭一周调研汇总，总得分高的小组将用星星展示在大家庭争星墙上，班级定期对优秀小组进行表彰。每周汇总结束后，得分最多和最少的小组还要面对全班学生谈体会、找差距，说说今后的打算。

三、结束语

自从学校实施了大家庭管理，班里的每一个学生都有了竞争的意识和自觉遵守纪律的意识。班级管理项目负责人和小组长的设立，在一定程度上减轻了班主任的工作负担，学生能自觉遵守纪律了，打闹的现象减少了，变得懂礼貌了，物品摆放整齐了，能积极参加学校活动了，集体荣誉感强了，自觉学习的良好习惯也在逐步养成。

班级大家庭只是我们在班级建设方面的一小步，最终的目标是让学生真正成为班级的主人，人人都成为这个班级的建设者。

如何做一名睿智的班主任

深圳市龙华中学高中部 王秀辉

一、严格规范、形成合力

有人说，我们班主任对待学生要“像亲娘一样关心”“像后娘一样狠心”“像干娘一样热心”“像丈母娘一样偏心”。班主任工作确实要处理好这几个角色之间的关系，抓好教育时机。

案例1：

记得那是2016年3月4日，新学期文理分班后的开学第一周，我们班一位瞿同学三次迟到，第一次迟到，我心平气和地说：“下次注意就好！”。到了第三次迟到，我有点生气了，严厉地批评了他，随后打电话给他的家长，他爸爸说了一句很“雷人”话：“老师，我也没办法，我叫他起来他就不起，拽他起来他都不理我。”

当时我对孩子爸爸的话感到难以接受，我觉得家长有些娇惯孩子。到了第二周的周一升旗礼，他又迟到了。我忍无可忍，把家长约到学校，我先询问了家长孩子多次迟到的原因，原来是孩子喜欢阅读历史方面的小说和人物传记，每天晚上看得很晚，导致早晨起不来。我先是给孩子和家长分析了调整好生物钟的重要性，然后我让学生和家长一起学习《龙华中学的学生常规教育读本》，学习之后，我们签订了三个人共同拟定的协议，一式三份并签字留存。从此他改变了很多，再没有迟到过。

案例反思：

通过这次契约式教育，使学生和家长都认识到：遵规守纪不仅关乎集体荣誉，更关乎未来成长成材。在教育了学生的同时，对家长触动也很大，一再表示非常理解老师教育的辛苦，今后一定与班主任配合教育孩子。这启示我们做好班主任工作一定要严格规范、形成合力。

教育不能没有约束，但只有约束的教育还是不够的。

二、真情付出，凝聚认同

案例2：

这个故事发生在一个周五晚上，事也凑巧，因为我家住11楼，那天正赶上电梯检修停用，我气喘吁吁地爬到11楼，刚一进家门年级高主任就给我打电话，说："王老师，你们班瞿同学要进班拿点东西，看班主任能否到校给开一下门？"我又从11楼跑下来打个车来到班级，他取完东西出来了对我说："老师，谢谢您"。我当时也没留意孩子的表情。后来，孩子爸爸跟我沟通的时候说："我家孩子从小到大都很顽皮，没少给班主任惹麻烦，以前孩子从没说过哪个班主任好。那天我问孩子，你现在的高中班主任咋样？孩子破天荒地说了句：'挺好的。'"

接下来的时间里，孩子跟我的交往多了，也愿意跟我说心里话了。但由于他平时总是丢三落四，发下去的政治复习提纲就弄丢了，每次我都非常耐心地给他重新打印。周二上午课间操时间，他胆怯地找到我说他把自己的椅子坐坏了，我了解情况后知道他不是故意的。我说你先坐塑料凳子，老师有时间给你找。下午第一节课当我把椅子端到他的面前的时候，他一再说谢谢老师。当我走出教室，他追上我说："如果以后老师对我有什么要求，请直接告诉我，我一定执行。"

案例反思：

到了我这个年纪，虽说不上经历了世间所有风雨，但是对于别人的表扬还是有抵抗力和甄别力的。这次我能明显感觉到家长的话是真诚的，发自内心的。其实只要对孩子真情付出，孩子是会观察和体会到的，我们班主任的一言一行都会潜移默化地感染每个学生。我们对学生不经意间的一件小事，就可能拨动孩子心灵的琴弦，形成教育的认同和共鸣。这启示我们做好班主任工作一定要真情付出，凝聚认同。

给爱涂上爱的底色，爱是教育最有效的密码！

正如美国赞美艺术教育家亚斯贝尔斯说过："教育意味着一棵树摇动另一棵树，一朵云推动另一朵云，一个灵魂唤醒另一个灵魂。"

三、常抓不懈，巩固成果

案例3：

最后这个故事发生在2017年3月21日上午9：04分，还是瞿同学的家长给我打来一个电话，焦急地对我说："王老师，我能到学校跟您谈谈孩子的事吗？孩子最近思想出现了严重的问题。"我愣了一下，以前都是我偶尔找家长到校约谈，怎么换成家长约谈我了？家长怕我拒绝，又补充了一句："王老师，是孩子恳请我们三个坐在一起谈一谈的。"

孩子爸爸10分钟后来到学校，还没等我说话，孩子爸爸非常气愤指着孩子说："你都一周没有跟我说一句话了，我一天容易吗？起早贪黑跑业务赚钱养家糊口，还得给你做饭洗衣，我不就是说你周末不爱学习，每天上8个小时的网，甚至连澡都不洗。"孩子一脸不屑地说："我哪上了8小时的网，我不就上了7个半小时吗？中午你强迫我吃饭还耽误半小时呢。你整天唠叨我，批评我，对我的进步视而不见，我就不跟你说话。"看到父子两个剑拔弩张，火药味越来越浓，我趁机接过了话说："孩子要理解父母的良苦用心，孝敬父母是中华民族的传统美德；过度沉迷网络游戏会影响身体健康和未来前途的。"

我又对家长说：孩子长大了，自尊心强了，希望得到父母的尊重，不希望父母总以责骂的语气和他说话，因此我们要改变教育孩子的方式，实事求是地进行赞美和批评。就这样一场剑拔弩张的战争结束了！当我们走出生物实验室的时候已经是中午12点半了，家长一再表示歉意，耽误您这么长时间，要不我们出去坐坐，我说都很忙，不用了。

前几天我在学校门前又遇到了孩子的爸爸，他说孩子在大学各方面发展都很好，非常感谢班主任三年的教育。

案例反思：

孩子的教育不可能是一蹴而就的，一定具有长期性和反复性，所以我们做好班主任工作一定要常抓不懈，巩固成果。

四、结语

今天我和大家分享了发生在一个孩子身上三个再平凡不过的故事。

我深知，教师不仅是一种职业，更是一种对历史和自己良心的责任。每个学生都是一个完整的生命个体，蕴藏着巨大的发展潜能，成长特别需要我们的人文关怀。今后我仍会继续努力，在严与爱、情与理、方与圆中深入探索，力争使自己成为一名学生更喜欢、家长更信任、学校更放心、社会更认可的合格班主任！

当民主变味时，我们需要“专制”？

深圳第二外国语学校 李 骄

一、正确处理班主任与学生之间的关系

班主任每天都要和学生接触、交往。如何正确处理班主任与学生之间的关系是班主任工作中非常重要的一点。这种关系处理恰当，其他的工作都会顺利完成；反之，工作中只会处处受阻，使班主任工作一直处于被动之中。

人们常说，教育学生要恩威并施，宽严相济。我常认为自己在班级工作中虽然“施”了不少“恩”，但就是缺少“威”。我也并不是不想“威”，而是“威”不起来，也就是在学生中树立不起自己的威信。原因何在？我想，这里的关键问题是：我没有摆正树立威信与尊重学生的位置。

高二第一学期班里发生的一件事使我在这方面的认识更加深刻。

开学初，班级的宣传委员、电教委员来找我，说有看见其他班级同学在下午六点多，即晚自习开始前，用班级电脑听歌、看视频，说也想在我们班从6：00到6：45听歌，可以缓解一下紧张的学习，说实话，其实当时我心里是不太愿意的，因为其实年级有明文规定，不可以在放学时间，利用班级电脑上网、听歌、看视频和打游戏。我可以用年级的规定直接拒绝他们的，但是看到有四个同学来找我，除了两个班委，还有两个男生，看着他们渴求的眼神，我还是心软了。我故意犹豫了一下，带着不太爽快的口吻问他们，我觉得还是晚一点开始吧，六点十分开始，我们双方各退一步，你们看怎么样？他们已经喜出望外了，虽然没有完全达到目的，但是也委曲求全了，说那好吧。不过，我是有要求的，只可以听音乐，不可以上网、看视频和打游戏，而且必须要到六点十分

开始，6：45结束，不可以提前或者推迟，如果不严格遵守这个时间段，那你们知道后果的。这样吧，就电教委员来负责，宣传委员你负责在班上和大家说一下这件事。

我当时想他们应该是可以信任的，后面就没太管这件事了。

直到过完国庆长假回来的那一周，有一天我下午跑完步，回来的比较早，我就想去班级看一下吧，也算是抽查，看他们有没有遵守那个时间段，看看到教室去得早的同学，在教室干什么呢。我就刻意一改平时去教室的路线，绕道教室的后门，结果在我靠近教室后门一刹那，透过教室玻璃，映入我眼帘的是教室屏幕上，正在播放的日本动漫，当时，我的脑袋嗡的一声，一股无名怒火从心底涌起，一种被人欺骗，被人要弄的感觉充斥全身，我迈着大步走进教室，定在讲台上，大声问，谁放的？来！关掉！只见电教委员急匆匆地走上讲台来，关掉正在播放的日本动漫，我怒气冲冲地看着他，他表情尴尬，不敢看我，迅速关掉电脑和电源。此时的我已经由愤怒转为歇斯底里，一种尊严被践踏的耻辱感燃烧着我，我没有再去追问谁放的视频，甚至没有去质问电教委员和宣传委员。我对着教室里只来了三分之一的同学，用英文大声说道，是的，用英文大声说，我也不知那一刻我为何会用英文，“Everybody! Everyone! From now on, NO MUSIC! NO VEDIO!”在教室的同学，面面相觑地看着我，有的在小声议论，甚至听到有些同学想要笑，小声议论着，老师怎么用英文啊？他们可能没有意识到当时我有多生气，说完之后，我就头也不回地走回了办公室。

离晚自习开始还有十几分钟，我火气未消地回到办公室，坐在办公桌前，想让自己冷静一下，却发现始终无法平静，我决定，晚自习开始的时候，就去班级当着全班同学的面，宣布这项决定。晚自习铃声响起前，我走进了教室，发现是英语晚听，我告诉英语老师我要用十分钟在班级说事情。然后，我稳定了一下情绪，清了一下嗓子，就站在讲台上，面向所有同学，说，请大家安静，把手上的笔先放下来，我宣布一件事。“今天晚上6：40我来教室的时候，发现教室电脑屏幕上在播放动漫，之前开学初有同学来找我，信誓旦旦地说在这个时间段只播放音乐，不看视频，我答应了，但是现在他们没有遵守承诺，不讲信用，所以就不要怪我了。所有同学，都听清楚了，从今天开始，班级电脑严格遵守学校规定，任何同学，在任何时间段，都不可以利用班级电脑做任何事情，除非科任老师同意，如发现有同学擅自使用班级电脑听歌、上网或者打游戏，道德银行扣5分，写3000字的检讨，并约谈家长！”

我刻意放慢了我说话的语速，一字一顿，语气坚决，我注意到下面好多同学面色凝重，没有人敢小声议论了，有个别同学张了张嘴想说什么，但看到我铁青的脸色和异常严肃的表情，也都沉默不语了。教室的气氛可以用“万马齐喑”来形容，也许，这就达到了我想要的效果吧。

我以为，我可以松一口气了，所有同学应该被我火山爆发式的决定给吓住了，我沉浸在“专制”管理后的喜悦和成就感当中。

没想到，第二天一大早，我刚坐在办公桌前，一张对折的信纸躺在我的桌面上，我打开信纸，上面写着：

关于在教室播放视频的情况说明书

2019年10月11日星期五下午18：40分前后，您来到班级，发现班内正在播放视频，因此十分生气，并限制了从今往后的音乐、视频以及电脑的使用权限。

我写这篇情况说明书，并不是想挽回什么电脑的使用权，也不想推卸责任，只为了把事情说清楚。

首先，在规则的制定上，在初步的交涉中没有任何问题，但在规定的通知上出了问题：开始时原定让二位班长在班上通知，我与电教在传话后就没有再管，电教平时18：10——18：45不在教室，二位班长没有将通知传下去，我也没有在使用音乐播放软件前将规定说明。这就导致了播放音乐的规定，自始至终都只有我和几位班委知道。

其次，在平时的使用上，我没有起到一个很好的监管作用，在平时的规定时间内，我只是把音乐打开，让同学们点歌，在18：45前后，我会上去将音乐关掉，仅此而已，在期间，有人上网看微博或搜其他的音乐平台上的音乐的行为，我也视为这是在听音乐，这其实是对“灰色地带”的漠视，其实之前也没有界定开网，上网是否为合理合规的行为，因此我也未出面制止此类行为，这就导致了情况的一步步恶化（其实也只是放了个MV）。

再次，对于本次事件的总结，这件事是发生在同学们没有明晰规定，班委没有合理监督的双重条件下，也许当初如果我把规定说清楚，如果我及时制止，就不会发生类似的事了，只可惜人生没有后悔药。

最后，我想说一下，我为什么要自发写这篇说明书，在晚修开始后，您对着全班说我们是“不守信用”的人，而我只想说明一点：这件事的发生是因为上述两个原因，而全班不知情的同学们并不是“不守信之人”，我和电教在当时也只是有一些“放松情绪”，我们一直是严格遵守时间的。

我想说的说完了，也许我理应该被扣分？

您的学生及班委　陆××　上
2019. 10. 11. Fri
21：11

中间还夹了一张便签条，上面写着：

如果可以，请您将这篇说明公布在班上，我们都不是“言而无信”之人，我也希望得到一个合理的解释，让大家了解事件的全貌。

因为有早读和第一节课，急着去教室，我跳跃式的看完了留言的内容，觉得是陆同学在为自己辩解，便随手把信塞进了文件夹里，没有太当回事。上完两节课后，我似乎快要忘记了这份说明书，然而在我整理资料时，它又突然出现在我面前。我有点像拿烫手山芋一样，再次翻开了情况说明书，又重新仔细地看了一遍，脑袋里嗡的一声，虽然我自言自语地对自己说，“哼，还想让我将这篇说明公布在班上，开玩笑吧，怎么可能，那不是打我自己的脸吗？”但同时我心里另外一个声音也在告诉自己，虽然说明书里有为自己辩解的成分，但是不容忽视的一点是，当初他们来找我的时候，我也确实没和他们明晰好规矩，制定好相应的规则，以及违规后要如何惩罚等等，孩子们没有做到完全自律，违反规定，这是他们的错，难道我就没错吗？这种“专制”霸道的“一刀切”“一言堂”做法难道就没错吗？整整两天，我都在思考着这个问题，甚至都有一点为自己的一时冲动而尴尬、自责和后悔，但同时，碍于自己的脸面，我没有再去找那个给我写说明书的孩子，也没有找他道歉。我最终还是采用了最消极，也是最坏的一种处理方式，不管、不顾、不闻、不问。

现在想来，真为自己的言行感到羞愧不已。在处理这件事情上，我凭着班主任的高压，不分青红皂白地批评一通，也许因为是班主任，那个学生不敢当面顶撞，但他心中的疙瘩可能很难解开。长此以往，他对班主任就会缺乏信任，认为老师这种“专制”的管理，不顾及他们的内心感受，“管得了一时，管不了一世”，这种不尊重学生的管理方式，长此以往，可能让自己在学生的心目中毫无威信可言。

二、学校教育，要在制度和生活方式两方面努力

从深层来说，学校教育要在制度和生活方式两方面努力，班级更是如此。一方面我们要建立一种民主的制度；另一方面，我们要在生活中培养民主的生活态度（教师也需要培养）。无论是制度还是生活方式，民主的核心都是尊重！民主作为一种制度，说到底就是少数服从多数。民主制度不是对真理的辨析，而是多数人意愿的表达。

1. 明确规则

大家共同遵守制定好的规则，包括教师。规则决定一切！还要特别说的是：民主，不是学生服从教师，也不是教师服从学生，而是大家共同遵守规则。这个规则是大家制定的，制定规则的过程是妥协的过程，这里的妥协就是商量的意思。但是，一旦制度形成，就没有妥协的说法！只能强硬！

2. 要把尊重学生和放任学生，树立威信和“专制统治”区别开

学生由于缺乏政治生活和社会生活的经验，又因为理性思维的不成熟，容易引起冲动，因此，在学习生活中，难免会出现这样那样的缺点和错误。尊重学生、维护学生的自尊，并不等于对学生的放任，对出现的问题不闻不问、听之任之，无要求、无检查、无赏无罚，顺其自然。这样只能使学生放纵、任性。久而久之，班主任也就不被学生放在眼里。

3. 班主任的威信更不能靠专制来确立

专制只会造成学生对班主任表面顺从，背后抗拒，或者是消极对抗，甚至是直接对抗。只有在尊重学生的基础上，才能建立自己的威信。班主任在教育学生的过程中，要充分理解学生，充分尊重学生，站在学生的角度，设身处地地来思考一下问题。学生出现错误，班主任不要早下结论，武断处理，要允许学生说明原委，允许学生思考，允许学生改错。

三、结束语

钱理群先生曾说：要把教育当作一件事来做；一个人一辈子只能做一件

事；一件事也不一定能做好；重要的是尽力去做，而又从具体的小事做起，做一件就是一件。又说：“想大问题，做小事情。”教育民主化，立足于爱心，起步在对话，这是一件我们要努力去追求，竭尽全力去实现的事情。无论道路有多漫长，我总得迈下第一步。

给变味的民主，来点“专制”

深圳第二外国语学校　李 骄

课堂是教师的主阵地，班级管理民主离不开课堂民主，课堂民主是班级管理民主的腾飞点。著名教育家魏书生上课经常与学生“商量”，是课堂民主的典范，李镇西与学生黄金龙长期进行日记交流，建立了真诚的友谊，也是课堂民主管理很好的例子。课堂民主离不开课堂环境，课堂环境是制约课堂管理的重要因素。有研究表明，如果学生处于安全、舒适、受到尊重、能满足个体基本需要的课堂环境中，就会努力学习，做出得体的行为，反之，就会使学生产生消极的学习态度和做出惹是生非的行为。

想起我在高二上学期对使用班级电脑同学一刀切式的管理方式，仍心有戚戚焉。在处理这件事情上，我凭着班主任的高压，不分青红皂白地把学生批评一通，这种“专制”的管理，没有顾及学生们的内心感受，这种不尊重学生的“民主”权利做法，也让我反思：在使用“专制”这个大棒获得了短暂的虚荣式满足感后，在班级管理中，到底如何发挥“民主”的作用？

由于疫情的缘故，高二下学期开学延迟，前三个月的学习都是学生在家中上网课，直到五月初才开学。开学的第二周，我就主动在课下找来班级的电教委员张同学和宣传委员陆同学，告诉他们这学期可以在下午放学后的五点十分，到晚自习开始前的七点用班级电脑播放音乐，但是需要他们制定相关的制度规范，并在班级公布。从他俩脸上，我看到一半是诧异，一半是疑惑，张同学略带不确定地说，“这学期电脑使用放开了吗？”我微微一笑，没有回答。我说我要你俩起草教室电脑使用规则，越快越好，越早制定好，就能尽快实施。他俩还是有点犹豫地说，好吧。虽然答复得很勉强，但我还是能感受到一丝喜悦。

周末返校回来的周一，我在办公室桌面上看到了这样一份《管理条例》：

高二2班晚修前播放音乐的电脑管理条例（草案）

使用时间：18：00-18：55（周一到周四）

播放音乐的内容需要通过审核，大家想听的歌可以汇报给陆××/张××

播放音乐的方式为随机播放

未经允许，不得擅自使用电脑用作娱乐（如玩游戏，或者MV，查找与学习相关的除外）。

起草人：陆××/张××

2020年5月25日

我拿着这份《管理条例》认真地看了两遍，发现陆同学和张同学还是蛮用心的，用了“草案”这个词，而且制定条例的速度也很快，不过仍然有几点需要完善的地方，我想还是要找他俩商量一下。当晚，我就利用晚自习找来他俩，我说这个《管理条例》内容制定得不错，时间、内容和要求都有规定，如果再完善几点就更好了。比如播放音乐的时间可不可以考虑再缩短一点，因为之前你俩也在班级问过，不是所有同学都赞同在教室播放音乐，你要考虑到那些不愿意在教室听音乐的上自习同学的感受，所以这个时间长短还是要再斟酌一下；负责人和使用人只能是你们两个人，这个要明确写出来；播放内容需要审核，最好能体现大多数同学的选择，如果可以的话，每个同学都可以点播自己喜欢的歌曲；最后一点是，制定好了管理条例，如果违反了，相应的惩罚规则怎么制定，这个必须要有；除此之外，这个《管理条例》必须得由你俩在班级统一公开……听了以上我的建议，他俩若有所思，陆同学说，好吧，我们尽快改好。

三天之后，我的办公室桌面上又放了一份修改后的《管理条例》，我发现这次括号后面的词语是“试行”，看来他俩已经很有信心了，“新版”的《管理条例》如下：

高二2班晚修前播放音乐的电脑管理条例（试行）

使用时间：18：10-18：50（周一到周四）

使用人员：电脑操作人仅为陆××和张××二人

播放内容：播放音乐的内容需要通过审核，大家想听的歌可以汇报给陆××/张××，周末回家审核通过以后才可以添加进来

播放方式：播放音乐的方式为随机播放

播放规则：未经允许，不得擅自使用电脑用作娱乐（如玩游戏，或者MV，查找与学习相关的除外）

违规惩罚：如果有违犯规定的人，全班暂停一周的听歌，且该违规者剥夺加歌的权利。二次违反者，惩罚为承包一周的讲台值日。

2020年5月28日

拿到这一份考虑周全，诚意满满的《高二2班晚修前播放音乐的电脑管理条例（试行）》，我把每个字都仔仔细细地看了一遍，确实很完整。我决定，当晚就在班级宣布这个《管理条例》，并让陆同学和张同学当着全班同学的面，让大家提意见，有超过百分之八十的同学举手通过，只有剩下一部分同学提议可以接受播放音乐，但是请求播放轻柔舒缓一些的音乐或者歌曲，而且要控制音量。这个建议也得到班级大部分同学的赞同，我提议把这个建议加进试行稿里面。我看到陆同学和张同学脸上露出了欣慰的笑容。于是，我在班级宣布：明晚开始，《高二2班晚修前播放音乐的电脑管理条例（试行）》在班级正式实施，教室里同学们自发地鼓起了掌。

当天晚上，我把陆同学和张同学叫到教室外的走廊，我首先为我之前的做法向他俩道歉，然后把我对这件事情的想法解释给了他俩，尤其是陆同学在信中写的："二位班长没有将通知传下去。""对于本次事件的总结，这件事是发生在同学们没有明晰规定，班委没有合理监督的双重条件下，也许当初如果我把规定说清楚，如果我有及时制止，就不会发生类似的事了……"让我深刻反思我之前的言行。说完我的想法后，我能明显感受到他俩之前紧绷的情绪放松了很多。我想，这一刻，我和他们之间，我感受到了什么叫"涣然冰释"。

我想，从深层来说，对于课堂民主教育，一方面我们要建立一种民主的制度，同时，要在生活中培养民主的生活态度（教师也需要培养）。无论是制度还是生活方式，民主的核心都是尊重！民主作为一种制度，说到底就是少数服从多数。而且，民主制度是非常强硬的规则。所以，民主也会犯错误，有时会造成灾难！民主不是万能的！

所谓"专制"，特指具有统治权的人，是集权。学生是受教育者，在管理

的意义上，是没有权力的；注意，是权力而不是权利！

民主不是万能的，它是一种真诚的交流，是心与心的碰撞，不是“见人只说三分话，未可全抛一片心”。很难想象，充满说教味的课堂会有民主。班主任如果很专制，总像老板一样板着脸，教室里就会死气沉沉。学生心情压抑，课堂上就不会有民主。我想，闻一多先生的《最后一次演讲》之所以精彩，是因为他融入了自己强烈的情感。在课堂上，班主任应不怕真情流露、真实暴露，把自己的喜怒哀惧都融入课堂，因为只有真情才能唤醒真情。

事情的后续：高二下学期后面的两个月直到学期末，班级所有同学都无一例外的遵守了《高二2班晚修前播放音乐的电脑管理条例（试行）》，无一人违反。